国际中文教师
训诂学素养培养研究

郑莉娟　丘雅　游甜／著

项目策划：徐　凯
责任编辑：毛张琳
责任校对：张伊伊
封面设计：墨创文化
责任印制：王　炜

图书在版编目（CIP）数据

国际中文教师训诂学素养培养研究 / 郑莉娟，丘雅，游甜著． — 成都：四川大学出版社，2021.9
ISBN 978-7-5690-5007-3

Ⅰ．①国… Ⅱ．①郑… ②丘… ③游… Ⅲ．①汉字－对外汉语教学－训诂－教师素质－研究 Ⅳ．①H195.3

中国版本图书馆CIP数据核字（2021）第192318号

书名	国际中文教师训诂学素养培养研究
著者	郑莉娟　丘雅　游甜
出版	四川大学出版社
地址	成都市一环路南一段24号（610065）
发行	四川大学出版社
书号	ISBN 978-7-5690-5007-3
印前制作	四川胜翔数码印务设计有限公司
印刷	郫县犀浦印刷厂
成品尺寸	170mm×240mm
印张	7.5
字数	121千字
版次	2021年9月第1版
印次	2021年9月第1次印刷
定价	38.00元

版权所有 ◆ 侵权必究

◆ 读者邮购本书，请与本社发行科联系。
　电话：(028)85408408/(028)85401670/
　(028)86408023　邮政编码：610065
◆ 本社图书如有印装质量问题，请寄回出版社调换。
◆ 网址：http://press.scu.edu.cn

四川大学出版社
微信公众号

目 录

第一章 绪 论 ……………………………………………………（ 1 ）
　第一节　国际中文教育发展概况 …………………………………（ 3 ）
　第二节　国际中文教育教什么 ……………………………………（ 6 ）
　第三节　如何培养国际中文教师 …………………………………（ 15 ）
　第四节　国际中文教师能力素养构成 ……………………………（ 20 ）

第二章 训诂学与国际中文教师语言及教学能力的关系 ………（ 27 ）
　第一节　训诂与训诂学 ……………………………………………（ 28 ）
　第二节　国际中文教师应具备的古汉语知识 ……………………（ 35 ）
　第三节　国际中文教师应具备的训诂学素养 ……………………（ 41 ）

第三章 国际中文教师训诂能力的培养过程 ……………………（ 49 ）
　第一节　国际中文教师应掌握的主要训诂方法 …………………（ 51 ）
　第二节　以形索义的训诂方法 ……………………………………（ 53 ）
　第三节　因声求义的训诂方法 ……………………………………（ 64 ）
　第四节　比较互证的训诂方法 ……………………………………（ 76 ）

第四章　国际中文教师训诂学素养的实际运用……………………（81）
第一节　国际中文教学的中文工具书的使用………………………（83）
第二节　国际中文语言要素教学……………………………………（86）
第三节　国际中文课程教学——以"古代汉语"课程为例………（98）
第四节　国际中文教学与汉学研究…………………………………（105）

参考文献……………………………………………………………（109）

第一章
绪 论

国际中文教育（International Chinese Language Education）是指面向将中文作为第二语言的学习者的教育。① 近年来，随着我国综合国力的不断提升和改革开放的深化推进，国与国之间的政治、经济、文化的频繁交流与日益丰富促进了我国与外国之间的交流，国际社会对中文的学习需求显著增长，以中文为第二语言的学习者数量不断增加，同时越来越多的国际中文教师走出国门，到各个国家教授中文，使得国际中文教育的范围不断拓展，体系不断健全，实现了从一个专业、一门学科发展为一项事业的跃升。

第一节 国际中文教育发展概况

汉语是世界上最古老的语言之一，据史书记载，汉朝时期便有周边国家或少数民族遣人来学习汉语。清末，国家积贫积弱，列强侵略，战乱四起，国际中文教育几乎无从谈起。中华人民共和国成立以后，清华大学于1950年设立了"东欧交换生中国语文专修班"，翻开了我国国际中文教育的新篇章。在国内，国际中文教育的发展可分为四个阶段：1950年至1977年为第一阶段（创立阶段），1978年至1986年为第二阶段（确立阶段），1987年至2019年为第三阶段（提升阶段），2020年至今为第四阶段（转型阶段）。由于对其定位及认识的不断深化，每个阶段所使用的术语有

---

① 中华人民共和国教育部、国家语言文字工作委员会：《国际中文教育中文水平等级标准》（GF 0025—2021），2021。

所不同，第一阶段和第二阶段以"对外汉语教学"为主，第三阶段以"汉语国际教育"为主，第四阶段以"国际中文教育"为主，展现了国际中文教育从设立专业、确立学科、提升事业再到转型拓展的发展历程。

一、创立阶段（1950—1977年）

这一时期的国际中文教育（时称"对外汉语教学"）刚刚起步，主要依托清华大学、北京大学、北京外国语学院等高校，向来华留学生开展汉语教育。1962年，经国务院批准，"外国留学生高等预备学校"成立，这是我国第一所以对外汉语教学为主要任务的高等学校，也是现北京语言文化大学的前身。该校是我国唯一一所专门以国际中文教育及相关学科教学研究为主要任务的大学，为国际中文教育建立了独立的学科教学科研机构，以适应国际中文教育事业不断发展的需要。由于历史原因，这一时期的国际中文教育还停留在教学层面，未能开展科学、系统的学科建设，但当时的语言学家、学者、教师结合教学实践，及时对教学思想、教学法等进行总结，组织编写教材，解决教学中的具体问题，使国际中文教育从无到有、由小到大逐步发展壮大，为国际中文教育的蓬勃发展打下了坚实的基础。

二、确立阶段（1978—1986年）

1978年，中国社会科学院召开了北京地区语言学科规划座谈会，第一次提出要把对外汉语教学"作为一个专门学科来研究"。这标志着对外汉语学科建设的开始，成为对外汉语从教学层面迈向系统科学建设的起点。在这一时期，对外汉语教学界着力构建对外汉语教学的学科理论框架，全面展开对学科性质、特点、教学法等理论体系的研究，陆续开展了一系列重大课题的研究，并结合教学需要对相应的课程和教材进行了全面的改革实践。据统计，20世纪80年代发表的有关教学理论和教学方法的论文近300篇，论文选及专著10多部，对外汉语教材100多部，接收来自130多个国家的留学生46000余名，成立了专门的学术团体——中国对外汉语教学学会、世界汉语教学学会，成立了专门的研究机构——语言教学研究所、语言信息处理研究所，创办了专门的刊物——《语言教学与研究》《世界汉语教学》等，学科理论建设和教学实践取得了丰硕成果。1983年6月，参与筹备"中国教育学会对外汉语教学研究会"的学者、专家正式提出了"对外汉语教学"的学科名称，王力在1984年为《语言教学与研究》创刊五周年题词"对外汉语教学是一门科学"，"对外汉语"被列入原国家教委颁布的学科专业目录，表明对外汉语教学的学科地位得到确认和确立。

三、提升阶段（1987—2019年）

随着改革开放的不断深入，汉语作为我国与世界交流沟通的重要媒介和载体，对增进世界对中国的了解，加强中国与世界的交往所发挥的积极作用日益凸显。1987年7月，国务院批准成立了由国家教委、国务院外事办公室、外交部、文化部、广播电影电视部、新闻出版署、国家语言文字工作委员会及北京语言学院组成的"国家对外汉语教学领导小组"，强化对对外汉语教学工作的顶层设计和宏观指导；国家教委在1989年5月《关于印发〈全国对外汉语教学工作会议纪要〉的通知》中指出"发展对外汉语教学事业是一项国家和民族的事业"。经过半个多世纪的努力，对外汉语教学学科基本建立起了较为科学、完备、系统的学科理论体系、教育体系和课程教学体系，培养了一大批专职教师队伍，建立了从本科到硕士、博士的完整学历教育体系。孔子学院及孔子课堂的开设也为国际中文教育提供了更大的舞台。根据2019年12月国际中文教育大会报告，从2004年创办第一家孔子学院至2019年，全球162个国家和地区已合作设立了540所孔子学院、1154个孔子课堂，有中外专兼职教师4万多人，累计培养各类学员超过1200万人。国际中文教育由一门学科提升为国家和民族的一项事业。

四、转型阶段（2020年至今）

2019年12月国际中文教育大会召开。2020年6月，由北京大学、北京师范大学、北京语言大学、故宫博物院、语言文字应用研究所等27家高校、企业和社会组织联合发起的中国国际中文教育基金会（下称基金会）宣告成立，其宗旨是通过支持世界范围内的国际中文教育项目，促进人文交流，增进国际理解，为推动世界多元文明交流互鉴、构建人类命运共同体贡献力量。孔子学院品牌由基金会全面负责运行，通过改变机制和模式，为孔子学院提供更有力、更多元、更优化的支持，助力孔子学院的建设和发展。2021年3月教育部、国家语言文字工作委员会发布《国际中文教育中文水平等级标准》（下称《标准》），《标准》自2021年7月1日起正式实施。这是国家语委首个面向外国中文学习者全面描绘评价学习者中文语言技能和水平的规范标准，《标准》的发布实施，是语言文字规范标准体系进一步完善的重要标志。基金会的成立和《标准》的发布实施为国际中文教育事业的转型发展提供了有力支撑，也为汉语教育向全世界推广开创了更为广阔的空间。

第二节　国际中文教育教什么

教育是一个整体概念，教学是教育的一个环节，也是最核心的一项任务。也许有人会说，"国际中文教育"，顾名思义就是教汉语，教学内容就是汉语。我们认为，这种观点既正确又不正确。正确之处在于，国际中文教育确实以汉语教学为核心；不正确之处则在于，国际中文教育并非只教汉语。"国际中文教育"的关键词有"中文""国际""教育"，三者缺一不可。其中的"中文"指的是语言本体问题，"国际"将以汉语为母语的教学与以汉语为第二语言的教学区分开来，"教育"则明确了不仅要教学生读、写、用的言语交际技能，还要对学习者进行文化、历史、风俗等思维及认知层面的培育。因此，狭义的"国际中文教育"主要指教授汉语语言知识，帮助学习者掌握听、说、读、写、译等汉语言语交际技能；广义的"国际中文教育"则涵盖了语言知识、交际技能、中华传统文化、汉民族思想、中国历史、中国地理等方面。语言文字承载着一个民族的文化，上述各个方面无不通过语言文字得以传承，故国际中文教育始终以语言本体知识为核心，以学生掌握语言交际技能为目标，以增进跨国别、跨民族的交流与理解为主线，三者共同构成了国际中文教育的教学内容。与此相应，在课程设置上一般分为语言知识课（如综合课）、言语技能课（如阅读课、写作课等）、文化知识课（如中国国情、中国历史等）。

一、汉语本体知识

汉语本体知识主要包括汉语语音、词汇、语法、汉字等语言知识，一般通过综合课或精读课进行教学。对于汉语本体研究与对外汉语教学研究在国际中文教育中的地位问题，学界的讨论很多，有的认为应以汉语本体研究为主，有的则认为应以对外汉语教学为主。吕必松强调对外汉语教学理论的主体地位，认为"对外汉语教育工作者的研究方向和重点是对外汉语教育，而不是汉语本体。因为从对外汉语教育工作者的角度来说，对外汉语教育才是本体"[1]。陈昌来认为，汉语本体研究是对外汉语教学学科中的核心部分，"汉语本体研究在目前我们对汉语研究还不十分充分的情况下，应该是对外汉语教学学科的核心部分"，"汉语语言学研究是对外汉语学科建设中的基础部分和核心内容之一，对外汉语教学中，'教什么'是关键，'教什么'就属于汉语语言学本体研究的领域"[2]。赵金铭认为汉语本体研究是对外汉语教学研究的主体，并且指出，把汉语作为第二语言进行的教学，其语言本体研究呈现出不同于把汉语作为母语的研究的特点。也有学者认为，汉语本体研究与教学理论研究之间并无主次之分。陆俭明认为，两者事实上是一种互动关系，即"对外汉语教学是汉语本体研究的试金石；对外汉语教学拓展了汉语本体研究"[3]。魏海平等人认为"汉语本体研究与教学理论研究无所谓哪个更重要，两者都是搞好对外汉语教学的基础"[4]。

我们认为，汉语本体研究与对外汉语教学研究事实上是一件事情的两个方面，从哲学角度来说，体现了矛盾的普遍性与特殊性的统一。根据矛盾的普遍性和特殊性原理，普遍性寓于特殊性之中，并通过特殊性表现出

---

[1] 吕必松：《对外汉语教学概论（讲义）》，国家国家教委对外汉语教师资格审查委员会办公室，1996年。

[2] 陈昌来：《对外汉语教学概论》，复旦大学出版社，2005年版，第19页。

[3] 陆俭明：《对外汉语教学与汉语本体研究的关系》，载于《语言文字应用》，2005年第1期，第58~62页。

[4] 魏海平等：《基于语言理论和本体研究的对外汉语课堂教学》，四川大学出版社，2014年版，第114页。

来；而世界上的事物无论怎样特殊，它总与同类的其他事物有共同之处；同时，在一定场合为普遍性的东西，在另外的场合则是特殊性，反之亦然。汉语本体研究就类似于普遍性矛盾，对外汉语教学研究就类似于特殊性矛盾，汉语本体知识在国际中文教育中的教学应当在汉语本体研究这个普遍性原理的指导下，具体分析对外汉语教学的特殊性，不断实现普遍性与特殊性、共性和个性的具体的、历史的统一。体现在教学实践中，在国际中文教育中教授的汉语本体知识虽然与一般语文知识教学相同，但在课程设置、教学方式、教学技巧等方面都体现出面向跨国别、跨民族的特点。

在具体的教学安排上，汉语本体知识的教学贯穿于整个国际中文教育过程。在语音方面，由于绝大部分的学习者有过英语等表音文字学习的经历，因此一般从拼音教学开始，以帮助学习者尽快掌握汉语的拼读规则及音节，随着学习的推进再逐步教授多音字、音变、儿化音等特殊发音规则。在词汇方面，不同于一般语文教学从书面语开始学习的方式，国际中文教育更为注重语言的实用性，往往由易到难、由日常用语到书面用语逐步地开展词汇学习，以帮助学习者尽快地将所学语言知识用于言语交际。在语法方面，多结合词汇学习进行，如在学习"上下、左右、东边、前面"等词语时讲解方位名词，学习空间位置的表达方式（如"饭店的前面""书在桌子上"）；在学习"把"时，讲解"把"字句的用法及与不用"把"字的句式转换等。在文字方面，认读汉字常与语音、词汇教学同时进行，但写汉字历来是学习者的一个难点，所以往往在综合课的汉字学习以外，配合设置专门的书写课进行强化训练。根据《国际中文教育中文水平等级标准》[①]，学习者达到每一级中文水平应掌握的音节、汉字、词汇、语法的内容和数量见表1—1。

---

① 中华人民共和国教育部、国家语言文字工作委员会：《国际中文教育中文水平等级标准》（GF 0025—2021），2021年。

表1-1　《国际中文教育中文水平等级标准》语言量化指标总表

等次	级别	音节（个）	汉字（个）	词汇（个）	语法
初等	一级	269	300	500	48
初等	二级	199/468	300/600	772/1272	81/129
初等	三级	140/608	300/900	973/2245	81/210
中等	四级	116/724	300/1200	1000/3245	76/286
中等	五级	98/822	300/1500	1071/4316	71/357
中等	六级	86/908	300/1800	1140/5456	67/424
高等	七—九级	202/1110	1200/3000	5636/11092	148/572
	合计	1110	3000	11092	572

注：表格中"/"前后两个数字，前面的数字表示本级新增的语言要素数量，后面的数字表示截至本级累积的语言要素数量。高等语言量化指标不再按级细分。

二、言语交际技能

　　言语交际技能教学主要指对汉语学习者运用汉语进行听、说、读、写、译能力的培养，强调的是语言知识的实际应用，其教学成果集中体现在学习者的言语交际能力（verbal communication abilities）上。言语交际能力是指学习者综合运用听、说、读、写、译五项言语技能，在不同情境下就不同话题用中文进行交际的能力。具体到不同等级，每个等级对言语交际能力的要求不同。初等一级言语交际能力标准是"具备初步的听、说、读、写能力。能够就最熟悉的话题进行简短或被动的交流，完成最基本的社会交际"。中等四级言语交际能力标准是"具备一定的听、说、读、写能力和初步的翻译能力。能够就复杂的日常生活、学习、工作等话题进行基本完整、连贯、有效的社会交际"。高等七级言语交际能力标准是"具备良好的听、说、读、写能力和初步的专业翻译能力。能够就较为广泛和较高层次的话题进行基本规范、流利、得体的社会交际"。五种能力中，听、说、读、写是基本能力，译是对高等级阶段学习者的能力要求。言语交际技能教学一般通过言语交际技能课，包括听力课、口语课、阅读课、写作课等课程进行教学。

（一）"听"的技能

"听"指的是听话者接收说话者发出的声音，通过感知语流中的音节，运用所学的词汇、语义和语法等知识，对接收到的信息进行分析解释，进而理解所接收到的语音的意义。听力课是一门提高学习者听音理解能力的技能训练课。

1. 辨音能力训练

学习者通过该训练，实现运用相关语言知识，对所接收到的语音信息进行初步编码，主要包括对声母、韵母、声调、音节、轻声、儿化音等的感知与辨别。

2. 辨别语调、停顿、非音质音位等能力训练

该训练可以帮助学习者理解隐藏在所接收到的语音信息之外的言外之意。

3. 把握句法结构形式及其意义的训练

由于汉语缺少词形变化，因此学习者要通过语序、虚词等理解意义。例如："上车/车上"，语序不同所表达的意义不同；"他去了公园/他去过公园"，虚词不同所表达的意义不同。

4. 检索捕捉关键信息的训练

该训练可以引导学习者从复杂信息中敏锐地捕捉和提炼关键性的有效信息，例如在听力课上常强调的数字、时间、地点等信息。

5. 记忆及联想预测能力训练

该训练要求学习者在记住听见的内容或信息的同时，通过其中的关键词，结合生活常识进行联想和预测。例如在听力中遇到"但是"这样的关联词时，就要想到接下来要听到的内容应该和上一句相反；遇到"难道"这样的词语时，就可以预测说话人的看法是与"难道"后面的句子意思相反等。

6. 概括总结能力训练

这是培养学习者迅速且全面抓住所听内容的中心思想或主要内容的能

力的训练，目的是使学习者能听懂较长的对话或语篇。在言语交际过程中，非常简短的对话或语篇是很少的，较长的对话或语篇更贴近言语交际的实际情况，因此概括总结能力的提高要建立在前五项能力训练的基础上，不仅要"听对"，还要"听懂"。

（二）"说"的技能

"说"指的是学习者在掌握语言本体知识的基础上，将自己的思想、看法、观点等转化为口语表达出来。口语课是一门培养和训练学习者口头表达能力的技能训练课，一般采用"以音素教学为纲、以话语教学为纲、音素和话语教学相结合"[①]的方法展开。"说"的内容分为两个方面：一是对所听到的内容的反馈式表达，二是对自我想法的主动式陈述。前者多为会话形式，后者多为独白形式。口语课是学生了解自己对于汉语知识的掌握情况的窗口，也是教师评估学生学习情况及教学效果的重要途径。

1. 语音表达训练

该训练重在使学习者掌握汉语普通话标准、正确的发音及语音系统，突出音素教学，往往采取机械性练习方式，使学习者体会正确的发音方法，找准发音部位，实现清晰准确的发音。

2. 词语表达训练

该训练重在帮助学习者建构对某个词语的形、音、义之间的关联的认识，同时结合词的聚合、组合关系，能举一反三地把握某类词语。对单个词语的教学一般依据"刺激—反应"原理，通过教师教读、学生复述、教师纠错的方式反复进行练习。对某组词语的教学可使用替换法（例如给出一个句子，让学生用同类词语去替换句中的某个词语）、联想法（例如给出一个简单句，让学生在不改变句子结构的前提下增加新的词语，使句子变长）等。

3. 句子表达训练

该训练突出语流教学，引导学生通过模仿语音语调，掌握更加地道的

---

① 吕必松：《对外汉语教学概论（讲义）》，国家国家教委对外汉语教师资格审查委员会办公室，1996年版，第205~205页。

普通话口语。可采用句式变换、造句、情景问答等方式，强调用词准确、句法正确，以及重音、语气、语调、语速、停顿等语流问题。

4. 段落表达训练

在上述三类训练的基础上逐步推进成段表达训练。段落表达以独白形式为主，比词语或者句子表达的内容更多，结构更复杂，难度更高。段落表达了训练并非只在中高级阶段进行，在初级阶段往往已经有简单的段落表达训练，例如让初级阶段学习者进行自我介绍，或将所给出的几个句子按正确的顺序连成一段话等。

（三）"读"的技能

"读"是指学习者通过阅读汉语书籍、文章等，理解汉语文字信息所表达的意义。阅读课通过训练学习者的阅读技巧来培养学习者的阅读理解能力，并帮助学习者吸收和理解语言本体知识。

1. 汉字认读训练

汉字的认读是阅读的基础，不认识汉字，阅读就无从谈起。汉字的认读也是教学的难点，由于汉字与很多国家使用的拼音文字分属不同的文字系统，部分学习者感到无从入手。在教学中，可利用笔画、部件的分解认读，根据汉字六书特点讲解认读象形字、形声字、会意字等。

2. 词语认知训练

这里所说的词语包括词和固定短语。通过阅读训练，学习者可以反复巩固和强化已经学过的词语的形式、意义及用法，同时扩大词汇量。教师可采取的训练方式有：强化学习者对基本词、词根、词缀的认知，帮助学习者推测词义；加强学习者对近义词辨析、同类词聚合的认知，例如辨析"舒服"和"舒适"的异同，将与某个话题相关的同类词语放在一起讲解；加强学习者对词语色彩意义的认知，以更好地理解作者的观点与立场。

3. 语篇分析训练

语篇分析包括对句子的分析以及对由句子构成的语段的分析。常用的分析方法有直接成分分析法、层次分析法、深层结构分析法等。分析语段时强调把握句子之间的内在关系，例如通过开头或结尾的句子把握语篇的主要观点；通过时间进度、空间位移、关联词等把握语篇内容；根据语篇的不同文体（叙述文、议论文、说明文等）把握文章脉络、理解文章大意等。

（四）"写"的技能

"写"是指学习者用汉语进行书写和写作的能力。写作课的教学内容包括两个方面：一是训练学习者手写汉字的能力，二是训练其运用所学词语、句式、文体等进行书面表达的能力。通过对学习者写作技能的训练，纠正学习者母语负迁移造成的偏误，着力解决写作中常出现的字词使用不当、句法错误、语体混乱以及成段表达时的"话不连贯，语无伦次"[①] 等问题，提高学习者的书写和写作水平。

1. 汉字手写训练

汉字的手写训练一般涉及汉字笔画笔顺教学、汉字表中的常用字、常见标点符号的用法及汉字结构等。根据《国际中文教育中文水平等级标准》，初级阶段要求掌握初等手写汉字表中的 300 个汉字，中级阶段要求掌握中等手写汉字表中的 400 个汉字，高级阶段要求掌握高等手写汉字表中的 500 个汉字，共计 1200 个汉字。

2. 书面写作训练

书面写作训练主要涉及词语、句子的正确使用，对通知、信件等不同文体及叙述性、说明性、议论性语言材料的写作，修辞方法的正确运用，能阐明观点、逻辑清晰、表达得体等。书面写作是一项综合性的训练，囊括字、词、句、段、篇的训练，因此通过语篇教学提高学习者的写作能力也受到关注。周红指出通过汉语语篇建构的研究，分阶段、分层次地展开语篇写作训练，有利于对外汉语语篇写作教学。[②]

（五）"译"的技能

"译"是指学习者具备相应的翻译能力，能够承担口译任务或翻译书

---

① 杨石泉：《分析与对外汉语教学》，载于《语言教学与研究》，1984 年第 3 期，第 68 页。
② 周红：《语篇知识建构与对外汉语写作教学研究》，上海人民出版社，2016 年版，第 35 页。

面语言材料。《高等学校外国留学生汉语言专业教学大纲》(2002)对翻译课的设置要求是第二学年每周2学时、第三学年和第四学年每周4学时。根据《国际中文教育中文水平等级标准》,翻译属于中高等水平学习者应具备的技能要求,其中"中等四级—六级"分别对应的标准是:初步的翻译能力、基本的翻译能力、一般的翻译能力;"高等七级—九级"分别对应的标准是:初步的专业翻译能力、基本的专业翻译能力、专业翻译能力。翻译对于提高学习者对两种语言的理解和应用能力具有很好的促进作用,"会翻译者,听、说、读、写四能力及交际应无问题"[①]。但是在实际教学中,翻译课课时较少,受重视度偏低,同时由于学习者中文水平有限,难以达到翻译课的教学要求,教学效果有限。

鉴于绝大部分学习者并不会走上专业翻译之路,我们认为,在实际教学中并不需要学习者掌握过多的翻译理论或翻译得非常精准,而应该将教学目标放在"译对"上,中级阶段的教学内容以普通语言材料为主,如对话、句子、非文学类语言材料等,高级阶段可适当增加文学类语言材料,加大教学中翻译实践的比重,让学习者通过反复练习培养翻译意识。

三、中国文化知识

中国文化知识教学主要是向学习者介绍和传递汉民族思想、中华传统文化、中国历史、中国地理等,增进学习者对中国人思维方式、价值观念、风俗习惯等的认识和理解,一般列入选修课。对很多国际汉语教师来说,上文化课容易,但上好不容易。文化课整体趣味性和参与性较强,学习者对文化课的兴趣比较浓厚,课堂气氛较好,但文化课的内容与知识课、技能课相比更加多元化,可能出现较多学习者未学过的用语和长句难句,学习者理解起来存在一定困难。以中华传统文化课为例,教师在课堂上会介绍中国的历史典故、一些富有韵味的古诗词等,因此会涉及不少古代汉语知识,如果学习者未接触过古代汉语基础知识,就很难理解这些历史典故、古诗词的含义。又如文化课教学中常见的手工课,以剪纸为例,教师在教学生如何操作时,免不了对剪纸流程及方法进行成段的表达,对

---

① 蔡振生:《十年翻译课的再思考》,载于《世界汉语教学》,1995年第4期,第76页。

学生来说，较长的句子或成段表达是比较难把握的。

文化课与汉语知识课、言语交际技能课相辅相成，形成合力。文化课的开展需要建立在学习者掌握了一定汉语知识和言语交际技能的基础上，学习者参加文化课的浓厚兴趣又反过来激发他们参加汉语知识课和言语交际技能课的热情，同时随着学习者对中国思想、文化、文明等的深入了解，其对汉语知识的掌握也会更加准确，从单纯的语言交流走向跨文化交际。

第三节　如何培养国际中文教师

教师是完成教学任务、实现教学目标的关键，国际中文教师队伍的建设直接关系着国际中文教育事业的发展，因此学界历来十分重视教师的培养问题。不少学者结合教学实践对如何培养国际中文教师、如何提高教师队伍水平等问题进行了研究，并对国际中文教师的培养模式提出了不同的见解。

茅海燕、唐敦挚强调从教学内容出发来培养教师，认为应在原有注重静态知识积累的基础上，找准实际教学中的动态传递、阐释、组织教学等能力的落脚点，通过定向型、非定向型与混合型三种培养模式，加强教师的学科结构和综合能力素质提升。[①] 李卫国关注教师培养的目的，认为应分为依托高校培养对外汉语专业毕业生的"研究型"培养模式，设立汉语国际教育硕士专业学位和实施"国际汉语教师志愿者"计划的"应用型"培养模式，以及探索提出以案例库为主，兼顾学历教育和短期培训的"实践型"培养模式。[②] 马国彦将国际中文教师的培养模式分为知识型培养模式及应用型培养模式两种，并提出在信息时代应增加影像和文字案例库的

[①] 茅海燕、唐敦挚：《对外汉语教师及其培养模式探索》，载于《高校教育管理》，2007年第2期。

[②] 李卫国：《汉语国际教育人才培养储备前瞻性研究》，载于《河南大学学报》，2013年第4期，第124～130页。

建设、推动案例教学的培养方式。① 陈曦强调通过高校培养师资,将国际中文教师培养模式分为汉语加外语模式、对外汉语专业培养模式以及短期培训模式三种,结合其在澳门科技大学的任教经历,提出高校应该开设涵盖思想素质教育在内的对外汉语教学硕士、博士学位及课程,对高校培养体系进行系统性的丰富完善②。方芳和张宇清关注意到兼职国际中文教师培养问题,探讨了由储备教师培训、职前强化培训和实习教师培训三个阶段组成的兼职中文教师培养模式。③ 我们认为,根据培养主体的不同,可以将国际中文教师的培养模式分为三种:高校培养模式、机构培养模式和志愿者培养模式。

一、高校培养模式

高校培养模式主要指的是高校从学科建设出发,培养对外汉语教学专业或汉语国际教育专业的本科生、硕士研究生和博士研究生。该模式通过系统设置国际汉语教学涉及的语言学、文学、教育学、心理学、跨文化交际等相关课程,指导帮助学生系统掌握国际汉语教学所需知识,从而以更高的水平参与教学实践。

20世纪50年代至60年代初,国际中文教育的教师大部分来自高校中文系北京大学,小部分来自外语系。60年代初,随着汉语学习者的快速增加,国家从当时国内重点语言类高校中挑选出经过中文系四年系统学习的毕业生,到北京大学和北京外国语大学进行三年的外语培训,作为出国负责国际汉语教学的储备师资。这些教师对汉语言文学及中华文化有着系统的深入的学习,在汉语语音、词汇、语法、语用等诸多方面都有扎实的理论功底,三年的外国语言文化学习又使得他们掌握了学习者的母语、文化以及跨文化交际的知识,因而在日后的对外汉语教学、实践和研究中游刃有余。直至今天,这一批学者仍然在国际中文教育领域中发挥着重要

---

① 马国彦:《国际汉语教师培养模式考察:问题与对策》,载于《对外汉语研究》,2013年第2期。
② 陈曦:《汉语教师培养模式的新思考》,载于《国际汉语教育》,2016年第1期。
③ 方芳、张宇清:《高校兼职对外汉语教师培养模式新探——以上海工程技术大学为例》,载于《汉字文化》,2020年第16期。

作用。

　　1983年，北京语言学院开设了以培养对外汉语教师为目标的对外汉语教学本科专业。1986年，北京语言学院、北京大学开始招收对外汉语教学研究方向的硕士研究生。1997年，北京语言文化大学获批设立全国首个对外汉语教学学科教学论硕士专业，以及第一个带有对外汉语教学方向的"语言学和应用语言学"博士专业。我国自此建立起了从本科生到硕士研究生、博士研究生的国际中文教育学历体系。进入21世纪，国际中文教育从专业汉语教学向"大众化、普及型、应用型"[①]转变。2007年3月汉语国际教育硕士专业学位的设置确认了应用型国际中文教师培养方式的开启，这种培养方式有助于从第二语言习得的角度深入开展语言习得分析，对深化国际中文教育理论研究发挥了积极作用。

　　高校培养的国际中文教师理论基础较为扎实、汉语本体知识水平普遍较高，特别是古代汉语知识较为丰富，对训诂学、文字学有一定的认识，能更好地结合汉字、汉语的特点开展教学，能在语言教学中融入更多的中国传统文化背景知识，但这种模式培养周期较长，在培养过程中，特别是本科生的教学实践偏少，教学经验相对较弱。

二、机构培养模式

　　由于种种原因，高校培养的国际中文教师是有限的，随着汉语学习需求的不断增加，一些社会团体、机构等开始探索开展国际中文教师培训，对非本学科出身的人员进行业务培训，使他们尽快熟悉国际中文教学所需的基本知识和教学方法，同时也对已经在教学岗位上的教师进行知识更新。北京语言学院自1987年起每年举办多期对外汉语教师培训班，还成立了专门的对外汉语教师培训机构——对外汉语教师研究中心，对有经验的教师进行继续教育，对非科班的新教师进行短期的集中培训。从20世纪90年代初开始，国家开展了对外汉语教师资格审定及考试工作，吸引了更多的非对外汉语专业的人员加入国际中文教育，这也为社会培训机构

---

① 李卫国：《汉语国际教育人才培养储备前瞻性研究》，载于《河南大学学报》（社会科学版），2013年第4期。

开展国际中文教师培养提供了机会。社会培训机构多采取社会招募的形式，招募有意愿且有能力加入国际汉语教学工作的人员，开展集中的专题培训，取得相关任教资格证书，培训周期相对较短，根据周烨的调查，主要在120~150个课时。[①]

机构培养模式的目标是让被培养者能尽快承担国际中文教育工作，培训内容一般分为理论知识培训及实践培训两方面。理论知识培训将理论课程作为培训的重点，以培训授课为主、观摩演讲为辅，培训内容以传授理论基础和教学技能为重点，辅助实践试讲课程。实践培训重在训练教师的课堂教学能力，包括控制课堂节奏、解释语言知识的技巧方法、纠正发音、设计问题等一系列课堂教学技能。

机构培训模式是新形势下对原有高校培养模式的有效补充和探索，对老教师的继续教育丰富了他们的知识储备，提高了他们的教学能力，对新教师的培训在较短时间内充实了国际中文教育的教师队伍，对教学实践的重视也锻炼了教师的实际教学能力。但是，目前机构开展国际汉语教师培训尚无统一标准，在课程设置、课时安排、教材选用等方面都具有很大的随意性。此外，社会机构的培训实力参差不齐，培训效果难以保证；参训教师特别是非对外汉语专业人员往往没有较高的专业知识，没有语言学原理、训诂学、文字学、古代文学等相关知识作为支撑，教学容易流于表面。

三、志愿者培养模式

志愿者培养模式指的是为解决海外孔子学院、孔子课堂国际中文教师师资不足的问题，面向教师、高校学生招募的国际中文教师志愿者。招募工作一般由各大高校具体负责，高校将对报名人员的专业知识、教学技能、跨文化交际能力、外语沟通能力、心理素质等进行考试。考试通过的人员成为志愿者候选人，被推荐到教育部中外语言交流合作中心，在参加相关培训后，被派往合作共建的海外孔子学院或孔子课堂承担国际中文教

---

① 周烨：《上海社会机构国际汉语教师培训模式研究》，江西师范大学硕士学位论文，2014年，第20页。

学任务。

志愿者培训以案例培训为主要方式，以任务为导向，以解决实际问题为目标，在集中培训过程中，将教师讲授与案例分析、课堂讨论相结合，书面报告与实战练习、成果竞赛相结合。在国家统一的培训大纲指导下，培训课程为 300 个课时，主要包括志愿者精神、汉语教学能力、中华文化传播能力、赴任指导等内容。

志愿者培养模式的培养对象均来自高校相关专业的学生或教师，具备相关的基本理论知识和较好的外语沟通能力，整体素质较高，培养时间短、效果好，能及时补充海外师资的不足，志愿者本人也在培养和派出过程中得到了很好的锻炼和提高，有利于国际中文教师队伍的发展与壮大。但是该种模式也存在一些需要完善的地方。一是层级化培养目标不够明确，根据李东伟、吴应辉对 2015—2016 年国际汉语教师人才培养情况的调研，志愿者培训对海外"幼儿汉语教师""中小学汉语教师""大学汉语教师"所需的知识、能力、素质的差异关注度不够，缺乏层级化差别培训课程，针对性不够强。[①] 二是由于志愿者模式培养时间较短，培训主要集中在基础知识及教学技巧方面，对中国文化知识的教授不足，相关理论的学习较多，实操性的示范和观摩较少。三是学术性研究成果较少，志愿者培养未针对学术研究提出明确目标，加之志愿者海外工作时限普遍较短，回国后没有相应的就业安置措施配合，造成志愿者教师稳定性差，人员流动性比较大。

上述不同的国际中文教师培养模式的目的都是通过培养教师的职业素养，为国际中文教育事业的蓬勃发展提供有力的师资力量，充分表明了伴随着我国经济、文化、社会的快速发展，国际中文教育事业迫切需要培养更多高水平、高素养的国际中文教师。

---

① 李东伟、吴应辉：《国际汉语教师人才培养状况报告（2015—2016）》，载于《辽宁师范大学学报》，2019 年第 3 期，第 30~35 页。

第四节　国际中文教师能力素养构成

教师是教学活动的组织者和主导者。教学活动的成败在很大程度上取决于教师能力素养的优劣。教师能力素养的个体化差异较大，但是作为一名国际中文教师，应当具备一些共通的能力素养。吕必松认为，作为一个能够胜任课堂教学工作的教师，需要具备比较广博的专业知识和文化知识，包括语言学、心理学、教育学等；具有一定的工作能力，表现为语言文字能力、课堂教学能力、交际和组织能力；具有一定的教学经验。① 刘珣指出，国际中文教师应当具备较系统的汉语语言学理论知识、熟练运用口语和书面语的能力，熟悉汉语作为第二语言教学的基本理论和原则，了解一定的中华文化，以及社会语言学、心理语言学、语言学习理论和教育学等理论知识，有第二语言学习的经历，热爱汉语教学工作，并有一定的组织工作能力。②

除了研究国际中文教师整体能力素养，研究者也对教师应具备的某方面能力素养提出了各自的看法。申继亮、王凯荣认为，教学能力是以一般能力（智力）为依托，通过特殊能力表现出来的一般能力与特殊能力的结合。③ 林永柏指出，教学能力是由教师个人的智力和智慧以及从事教学工作所需的知识、技能建构而成的一种职业素质，由多种单项能力构成。④ 王少良认为应当包括创新教学设计的能力、指导学生学习的能力、教学预见的能力、新知汲取的能力、理性思维的能力、应用信息的能力、创造性

---

① 吕必松：《关于对外汉语教师业务素质的几个问题》，载于《世界汉语教学》，1989年第1期，第1页。
② 刘珣：《关于汉语教师培训的几个问题》，载于《世界汉语教学》，1996年第2期，第101～102页。
③ 申继亮、王凯荣：《论教师的教学能力》，载于《北京师范大学学报》，2000年第1期，第64页。
④ 林永柏：《浅谈高校教师教学能力的构成及其养成》，载于《教育与职业》，2008年第9期，第78页。

反思的能力、合作教学的能力、综合管理的能力、综合评价的能力等。①

然而，目前对教师的某些或某个能力素养的研究大多停留在归纳分类的层面，对某种能力素养如何在教师的实际教学过程中发挥作用和该能力素养如何培养的问题研究较少。训诂学素养就是其中之一。本节将探讨国际中文教师的整体能力素养构成，并对国际中文教师训诂学素养培养的意义作出说明。

一、整体能力素养

教师要通过科学、有效的教学方法将教学内容传递给学习者，使学习者掌握相应的知识与技能，达到教育的目的。上文指出，国际中文教育要教给学习者的三项内容是汉语本体知识、言语交际技能以及中国文化知识。作为教学者，国际中文教师应具备完成上述教学任务的能力素养。因此我们认为，一名合格的国际中文教师应当具备以下三方面的能力素养：

（一）具有较为系统的理论知识

在国际中文教师的职业素养中，掌握基本的理论知识是基础也是必备的条件。舒尔曼（L. Shulman）等通过对在职教师的个案研究归纳出教师知识的七种类型：（1）学科内容知识（content knowledge）；（2）一般性教学知识（general pedagogical knowledge）；（3）课程知识（curriculum knowledge）；（4）学科教学知识（pedagogical content knowledge）；（5）关于学生及其特性的知识（knowledge of learners and their characteristic）；（6）教育情境知识（knowledge of educational contexts）；（7）关于教育目标、目的、价值及教育哲学与历史基础的知识（knowledge of educational aims, purpose, values and their philosophical and historical grounds）。这种教师知识分类为后来的相关研究奠定了基础。结合国际中文教学的实际情况，国际中文教师的理论知识结构可以归纳为两个方面，一是与"教什么"相关的汉语本体知识、语言学、中华文化、中国国情等背景知识；二是与"怎么教"相关的二语习

---

① 王少良：《高校教师教学能力的多维结构》，载于《沈阳师范大学学报》，2010年第1期，第110~113页。

得、教育学、教育心理学等理论知识。前者强调教师自身应当懂得的知识，后者强调根据学生情况"因材施教"时应当懂得的知识。

在汉语本体知识部分，按照学科分类可划分为古代汉语和现代汉语，按语言要素分类可划分为语音、词汇、语法、汉字及修辞、语用、标点符号几方面。在实际教学中，国际中文教师普遍具备现代汉语基本知识，但不少教师的古代汉语知识相对薄弱，非汉语言专业出身或社会机构培养的国际中文教师这方面的问题比较突出，这也是我们提出并研究国际中文教师训诂学素养的主要原因之一。

在语言学理论知识方面，国际中文教师应了解和关注语言的普遍规律，运用普通语言学、历史比较语言学、结构主义语言学、认知语言学的观点和方法，更好地把握汉语的特点，比较汉语及学习者母语之间的异同，从而有针对性地开展汉语教学，提高学习效果。

在中国文化等背景知识方面，目前主要开设了中国概况、中华文化、中国文学史、中国古代和现代文学作品赏析、中国旅游地理、书法等课程。根据学习者不同专业的需要，还会设置与专业相关的教学内容，比如为学习中医专业的学生开设中医方面的课程，为学习经济专业的学生开设中国经济方面的课程等。教师应当懂得一定的相关专业知识，用学习者能听懂的方式将文化背景知识传递给学生，也有助于学生更好地掌握汉语本体知识。

在二语习得、教育学、教育心理学等理论知识方面，要求教师能掌握相关知识，从而能针对学习者的国别、年龄、学历层次、知识结构等开展教学，如正确对待学习者的母语负迁移造成的偏误、调节学习者的畏难情绪等，有的放矢地采取相应的教学方式方法。

（二）具备教学组织及科研能力

教师的教学组织及科研能力指的是教师在具备相关知识背景的前提下，将知识有效地传授给学生，训练和提高学生的言语交际技能，并对教学实践反馈进行科学研究，进而改进和促进教学的能力。这部分能力素养源于教学实践，需要教师通过实践不断积累、改进与提高。

在教学准备环节，教师首先要确定适当的教学组织形式，比较常见的有班级授课式、小组研讨式、个别授课式等,其中以班级授课式为主。教师需要根据学习者的汉语学习水平开展教学设计,根据教学对象的不同,所采用的教学方法、教学流程以及对教材的处理也会有所不同,即杨慧元所说的"教学有法而无定法"[①]。

在课堂管理环节,教师要能够有效调动学生的学习兴趣,能根据教学过程中的情况实时调整教学节奏,能处理课堂突发情况,把握好教师讲授、学生操练与师生互动的时间分配等,让课堂教学发挥最大作用。

课后评价环节包括两个部分:一是对学习者学习效果的评价,二是对教师教学效果的评估。前者要求教师布置作业及编写试卷,通过平时课后作业、定期测试对学生的学习效果进行检验,查找学生的弱项或疏漏并及时巩固。后者要求教师及时总结和反思具体教学中存在的问题和不足,不断查漏补缺、优化改进。

在传统课堂教学之外,线上教学、网络教学的方式也被广泛应用,这对教师的线上教学技能提出了新的要求,需要教师转变传统课堂教学的一些观念,积极运用现代教育技术技能,探索线上与线下教学结合与对接的方式,发展线上教学技能。

除了教学能力,国际中文教师还应当具备一定的科研能力。学科的发展离不开科学研究,国际中文教育是一门实践性很强的学科,其科研工作只有与教学实践紧密结合,才能更好地推动本学科研究的深化与拓展。国际中文教师是国际中文教育事业的直接参与者,能及时了解实际教学中存在的问题与不足,获取一手基础资料,具备一定的科研能力,能为学科理论建设、教学研究等发挥更大的作用。很多本学科的研究者、学者都曾是国际中文教育工作的直接参与者,比如吕叔湘曾担任清华大学东欧交换生中国语文专修班的班主任,刘珣是全国第一批出国储备师资的成员,周祖谟是北京大学外国留学生中国语文专修班的教员,他在《中国语文》发表的《教非汉族学生学习汉语的一些问题》是中华人民共和国对外汉语教学的第一篇论文。

---

① 杨慧元:《论"教学有法而无定法"》,载于《语言教学与研究》,1996年第3期,第35～37页。

(三）具有较好的交流协作能力

交流协作能力主要包括掌握一定的外语技能，能够与当地人进行简单的交流；遵守职业道德，有团队合作精神，能够与同事、学生良好沟通；掌握跨文化交际的基本原则，尊重不同文化，言行得体等。

吕必松在划分对外汉语教师的类型和层次时提出了一类"能够受到特别欢迎和尊敬的教师"，他说"这是一种特殊的教师，通常称为有才有识、德高望重者"。[①] 国际中文教育是中国与世界沟通交流的一座桥梁，国际中文教师就是桥上的螺丝钉，每一颗螺丝钉都为维护桥梁的稳固与良好运行发挥着不可或缺的作用。具备较好的交流协作能力是国际中文教师的一项软实力要求，需要教师主动培养。

在教学过程中，我们通常采用汉语教汉语的方法，但有时也需要利用外语来帮助学习者理解。对在海外开展教学的教师来说，还需要掌握一定的当地语言，便于与当地人进行简单的沟通。国际中文教育面对的群体是跨国别、跨文化、跨民族的，思维方式、文化传统、风俗习惯等都可能有所不同，因此教师要掌握跨文化交际的基本原则，尊重差异。要遵守教师的职业道德，加强与外国同事的合作沟通、与学生真诚交流，坚定自信，树立良好形象。

二、教师的训诂学素养与国际中文教育

孔颖达《毛诗训诂传疏》："诂训者，通古今之异辞，辨物之形貌，则解释之义尽归于此。"训诂学"全面研究前人对历史文献的解释及其有关论述，探讨其解释目的，总结其解释方法，确立其解释原则，评论其解释效果，从中提炼出理论，建构起系统，以推进民族文化的传承与发展"[②]。训诂学对于解读中国古典文献，研究语义演进规律，传承传统文化发挥着不可或缺的重要作用。国际中文教育要教的三方面内容——汉语本体知

---

① 吕必松：《关于对外汉语教师业务素质的几个问题》，载于《世界汉语教学》，1989年第1期，第1页。

② 周光庆：《二十世纪训诂学研究的得失》，载于《华中师范大学学报》，1999年第2期，第32~44页。

识、汉语交际技能、中国传统文化，无一不与训诂学知识相关。国际中文教师所应具备的三种能力素养中，理论知识、教学组织及科研能力两方面都需要用到训诂学知识、训诂学方法和训诂学成果。

训诂学知识是教师进行古代汉语教学时必备的知识。在中国数千年的历史长河中，古代汉语使用时间远长于现代汉语，现代汉语中数量巨大的词汇以及语法均源自古代汉语。虽然国际中文教学以教授现代汉语为主，但也会涉及古代汉语的内容，如果教师没有具备一定的训诂学知识，就会制约汉语教学的深度和力度。

训诂学方法包括以形索义、比较互证、因声求义等。通过正确运用训诂学方法，教师能以更直观易懂的方式开展教学。例如，汉字是表意文字，形义统一，因此可以采用以形索义的方法，通过讲授某个部首的意义，使学习者能推测某类字的意义，如带"扌"旁的字往往与用"手"的动作有关，带"忄"旁的字往往与人的情感有关。汉字学习本来就是国际中文教育的难点，教师运用训诂学方法对汉字进行归类讲解，有助于减轻学习者的畏难情绪，提高学习效率。

此外，国际中文教育对中国文化的教授更是离不开训诂学。很多重要的古典文献都是文言文或古白话，没有训诂学知识，人们会误解词义甚至难以读懂文献。例如成语"明日黄花"被误用为"昨日黄花"，是因为学生们以为"昨日"的东西才是过时的，但实际上这里的"明日"泛指重阳节过后，"明日黄花"指的是重阳节后逐渐枯萎凋谢的菊花，并非指昨天的黄花。在给学生讲解时，如果教师懂得这些训诂学知识，既能保证教学内容的正确，也能帮助学生更好地理解中国文化。

需要强调的是，国际中文教师的能力培养是一个动态建构的过程，教师的能力素养（包括理论知识结构、教学科研能力、交流协作能力）与教师的教学实践之间是相互影响、相互促进的。教师只有具备一定的知识与能力，才可能承担起相应的教学任务，相应地，教师在教学实践中遇到的种种问题和困难，又能促使他们不断地丰富和发展自己的知识与能力，以更好地开展教学工作。

第二章
训诂学与国际中文教师语言及教学能力的关系

第一节　训诂与训诂学

一、训诂

训诂是一项传统的工作，也是传统语言文字学——小学当中的三大组成部分之一，关于训诂的定义，前人已有诸多论述，几乎所有的学者说到训诂，都会引用汉代许慎《说文解字》与清代段玉裁《说文解字注》中对"训"和"诂"的解释。《说文·言部》："训，说教也。从言，川声。"[1]段注云："说教者，说释而教之，必顺其理。引伸之，凡顺皆曰训。"[2] 又《说文·言部》："诂，训故言也。从言，古声。"[3] 段注："故言者，旧言也，十口所识前言也。训者，说教也。训故言者，说释故言以教人，是之谓诂……训故者，顺释其故言也。"[4]

从这些解释当中我们可以大致了解到，训诂就是解释古言以教育今人的一种工作。20世纪80年代以来，随着传统学术的复兴，作为传统语言文字学的一个重要组成部分，训诂学也迎来了它的春天。不少当代学者出版了各种训诂学专著、教材，重新对训诂进行了介绍，关于训诂的定义也有了新的解释。归结起来，训诂就是解释的意思，即用易懂的语言解释难

---

[1] 许慎：《说文解字》，中华书局，1963年版，第51页。
[2] 段玉裁：《说文解字注》，上海古籍出版社，1988年版，第91页。
[3] 许慎：《说文解字》，中华书局，1963年版，第52页。
[4] 段玉裁：《说文解字注》，上海古籍出版社，1988年版，第92页。

懂的语言，用现代的语言解释古代的语言，用普通话解释方言。

一般说训诂指的是训诂工作和训诂材料。训诂的基本工作是用易知易懂的语言来解释古代难知难懂的文献语言，这是一种综合性的语言文字工作。训诂材料指注释、纂集与考证的成果。① 训诂有动、名两种词性，作为动词的训诂指的是解释古代文献语言的一种工作；作为名词的训诂指这种工作的结果，即注释、纂集与考证的成果。

刘兴均在其二十年训诂工作与教学实践的基础上撰成《训诂学原理方法与实践》一书，他不满足于训诂的常见解释，对训诂的本义进行了考索。刘兴均认为，训诂的本义不是词语解释，而是先王的古言古道。刘兴均引用钱大昕在《十驾斋养新录》中的观点，认为《说文》的解释有时候有"连上篆为句"的例子，《说文·言部》"诂，训故言也。从言，古声"是一个断句的错误，正确的断句应当是："诂训，故言也。"刘兴均以此为基础，进一步提出所谓的"故言"就是指先王的古言古道。而宋永培在《〈说文〉汉字体系与中国上古史》中认为训诂的根本任务就是要对先王建立中华民族的史实进行考证，对先民建立中华文明的经验进行挖掘。这无疑是极高远的目标，也是当代训诂学应当达到的高度。汉语教育工作者应当明白训诂所能达到的高度及其学术价值与文化价值，而不是将其看作已经失去活力的寻章摘句的旧学。

明白了什么是训诂，还要明白训诂的研究对象是什么。训诂最初是用于解经的，即解释儒家的经典。汉代设五经博士，五经分别是《易》《书》《诗》《礼》《春秋》。《易》指《周易》，分经与传两个部分，经就是卦象与解析卦象的卦辞，传是后人对卦象与卦辞的再解释，已经超越了占卜的范畴，成了一部关涉天道、地道、人道的哲学全书。《书》指《尚书》，是一部上古行政资料汇编，包括典、谟、训、誓、诰、命等内容。典即上古先王的嘉言懿行，谟即贤臣的榜样事迹，训指贤臣劝谏君主的言语记录，誓指打仗前的誓师文书，诰类似于现在的法典，命是先王发布的行政命令。《周易》与《尚书》，尤其是《尚书》，语言都极晦涩难懂，故而需要训诂。《诗》即后人所说的《诗经》，是我国第一部诗歌总集。《礼》此处指《仪

---

① 王宁：《训诂学原理》，中国国际广播出版社，1996年版，第32页。

礼》，记录夏、商、周三代的礼仪，语言亦极晦涩，所以后来才会有辅助性的阅读资料《礼记》。《春秋》本是西周时鲁国的史官编写的一部编年体史书，原文语言极简，一字寓褒贬，故有"春秋笔法"的说法，后来产生了补充、解释《春秋》的三传：《公羊传》《穀梁传》《左传》，三传皆以作者的姓氏命名。公羊即公羊高，穀梁即穀梁赤，左一般认为是左丘明。汉代儒士围绕着这五经开展了大量的解经工作，这是训诂的第一个高峰。唐代在五经的基础上增加了四部经典《论语》《尔雅》《孟子》《孝经》，形成了九经。《论语》是孔子及其弟子的言论记录，是我国第一部语录体散文。《尔雅》是我国第一部将同训字汇编在一起的辞书，为周秦时人所撰。《孟子》也属于子书，记录了儒家学派的另一位伟人、战国时期的孟轲及其弟子的言论，较之《论语》更有体系，逻辑性更强，是先秦说理散文的代表。《孝经》记录了孝子孝行，唐玄宗亲自为其作注。清代，在九经的基础上，将春秋三传、三礼（《周礼》《仪礼》《礼记》）合刊在一起，成为十三经，阮元将十三经原文与汉唐两代的训诂合并，重新刊刻出版，这就是后来闻名于学林的《十三经注疏》。《十三经注疏》就是大型的训诂资料汇编，所收的十三经就是常见的训诂对象。

当然，训诂的对象远远不止儒家的经典，诸子百家之书、历代史籍、诗文词文总集、各类杂著、后世的俗书文献、出土文献、民间杂字文献皆可作为训诂的对象。可以这么说，训诂的对象可以是先秦到清代所有的古代文献。但由于训诂最初是解经的，儒家文献尤其是先秦的五经才是训诂的重点对象。

明确了训诂的对象，下面来阐释一下训诂的内容。训诂以词义解释为中心工作，兼及文字字形分析、音韵分析、语法分析、修辞分析、词源探讨、典章制度考索、名物考古等多方面内容。总之，有关古典文献解释的一切都是训诂的内容。因而，有人将训诂学称为"中国特色的阐释学"，并试图将其向语言哲学的方向发展。

二、训诂学

明确了什么是训诂，再来说说什么是训诂学。"学"即成逻辑体系、有理论系统，可以被人用理性学习，进行科学研究的一门学科。简单地来说，训诂学就是研究训诂这一工作的本质及规律的学科。关于训诂学的定义，学界分歧不大。

"训诂学就是以词义解释为主要研究对象的一门学问。它通过训诂实践的总结和现存训诂资料的分析归纳，研究训诂的理论和常用的体式、方法、条例，揭示语义系统，推求词语根源，探索语义发展的内部规律，用以指导训诂的实践。"[①]

"训诂学是以前代训诂材料和前人的训诂工作为研究对象而建立起来的一门科学……传统训诂学是以研究古代文献语言的语义规律和训释方法为主要内容和任务的。"[②]

"研究前人的注疏、历代的训诂，分析归纳，明其源流，辨其指归，阐其枢要，述其方法，演为统系而条理之。更进而温故知新，评其优劣，根据我国语文的特质提出研究古语的新方法，新途径，这便是训诂学。"[③]

"训诂学是研究训诂规律的科学，是对训诂知识的理性认识，是训诂实践的条理化、系统化、科学化。"[④]

这些说法都说明了训诂学的实质：对训诂工作的科学化与系统化；也说明了训诂学的研究对象：前人的注疏、历代的训诂。一方面要对传统训诂学进行科学的整理，另一方面要为古典文献语言研究提出新方法、新途径。[⑤]

因此，我们可以为当代训诂学下一个这样的定义：当代训诂学是以前人的注疏与历代的训诂为研究对象，对传统训诂学进行科学整理，研究训诂的本质与规律，将训诂工作科学化与系统化，为古典文献语言研究提出新方法、新途径的一门科学。训诂学具有传承性、创新性与实用性。

---

① 周大璞：《训诂学初稿》，武汉大学出版社，1987年版，第3页。
② 王宁：《训诂学原理》，中国国际广播出版社，1996年版，第33页。
③ 齐佩瑢：《训诂学概论》，中华书局，2004年版，第11页。
④ 郭芹纳：《训诂学》，高等教育出版社，2017年版，第2页。
⑤ 刘兴均：《训诂学原理方法与实践》，上海交通大学出版社，2019年版，第5页。

三、学习训诂学的意义

（一）为古籍整理提供理论基础

训诂学曾经是经学的附庸，是为解经而存在的，与古籍整理有着天然的联系。训诂学与文字学、音韵学、语法学、修辞学皆相关。古籍整理离不开疑难字的解析，这就需要训诂学的理论支持。古书中有大量的音近义通的同源字、同音异义的通假字，以及"本无其字，依声托事"的假借字（即不造新字，借用已有汉字表示新词的一种造字方法），与古籍整理密切相关的破通假、明假借、探语源等工作，都需要有训诂学的理论功底与实践经验。一般认为我国最早的一部语法学专著是清末马建忠的《马氏文通》，但没有语法学专著并不代表古人没有语法的概念，《春秋公羊传》就有关于语法的知识。上文说过，说明修辞手法也是训诂的一项工作，经学家、训诂学家在长期的训诂实践中为我们提供了诸多宝贵的经验，其中不乏真知灼见，需要今人好好继承。

（二）为辞书编纂提供理论依据

辞书编纂也是训诂的工作之一，古代的很多训诂专书其实也是辞书。如东汉许慎所著的《说文解字》就是一部融文字、训诂、音韵知识于一炉的字书，大致相当于现代的字典。现代的辞书编纂更是如火如荼，各种字典、词典，语文类的、百科类的层出不穷。影响最大、应用最广的是《汉语大字典》与《汉语大词典》。这两部大型辞书虽说是语文类辞书，却有文献资料价值。尤其是《汉语大字典》，收录了每个字由甲骨文至汉隶的所有古今文字字形，收录了《说文解字》《广韵》等古代字书、韵书的释义，并列举了每个字从古至今的文献用例，不仅是一部字典，更是以文字为纲的古籍文献资料汇编。《汉语大字典》与《汉语大词典》目前在修订中，主要是解决释义不全面、收例过晚的问题，这些都需要有深厚的训诂功底的语文工作者的进一步努力。

（三）指导古文教学实践

1. 训诂学与中学文言文教学

由于中国国际地位的提高，国学掀起热潮，中学语文教育也加大了文言文教学的力度。这就对中学语文教师提出了更高的要求。文言文是古代汉语的书面语，当然也是教学的重点。与文言文教学相关的文字、词汇、语法、语音、修辞、古代文化知识都是训诂学研究的内容。词汇语法知识是训诂的重中之重。因此，中学语文教师提升自己的训诂学水平是极为必要的，有成就的中学语文教师在训诂学上均有高于同行的造诣。

中学文言文教师主要是在古今字、通假字、异体字的问题上纠缠不清，理论与实践矛盾，以下例子可以说明这一问题。

《论语·学而》："学而时习之，不亦说乎。"其中的"说"，以往都被解释为"通悦"。有训诂常识的人都知道，"悦"为"愉悦"之义，本字正作"说"。《说文》释为"说释也"，乃以古字解古字，段注改为"悦怿也"，则揭示了该字的本义，正是"愉悦"之义。先秦古籍中表示"愉悦"义的都写作"说"。如《诗·召南·草虫》："陟彼南山，言采其蕨。未见君子，忧心惙惙。亦既见止，亦既觏止，我心则说！"《诗·邶风·静女》："静女其娈，贻我彤管，彤管有炜，说怿女美。""说释、解说"之义则是"愉悦"义的进一步引申，说释疑难解除他人心中块垒，可使人愉悦，故与"说释"义相通，故而后来才发展出"悦"这样的同源分化字，从文字学的角度来说，这种情况属于古今字，释为通假字是一种误判。现在的中学语文教材不说"说"通"悦"，而是讲为"这个意义后来写作悦"，这是一种进步，也跟这几年训诂学的发展与普及分不开。

《庄子·逍遥游》："怒而飞，其翼若垂天之云。"其中的"怒"，以往的教材解释为"通努"。从《庄子》文意来看，此处的"怒"当作"奋力"解。教材的编写者大概是认为"怒"无"奋力"义，而"努"有"奋力"义，才注释为"通努"。然而，两字被判定为通假字，必须要满足三个条件：读音相同、同时共存、意义毫无关联。《庄子》成书的年代大概在战国末到汉初，这个时候还没有"努"字，要在宋代的《广韵》中才查得到"努"字，"怒"与"努"并非同时共存，如何能说两字相通？实际上，依词义引申的规律,"发怒"则有过激的言行,由此引申出"奋力"之义是自然的,符合词义引申规律当中的"同状引申"的标准。当今的网络流行语当中有一个词叫"怒赞",正是"奋力地点赞"之义。因而从词义引申的角度可以推出该词在文中的实际意义,不必为它找一个通假字。

有些真正的通假字中学语文教材并没有指出来。例如《烛之武退秦师》:"若舍郑以为东道主,行李之往来,共其乏困,君亦无所害。"其中,"行李"一词,教材注为"出使之人",这与"行李"的现代词义相差甚远,这一注解容易令学生费解。实际上,这个"李"是一个通假字,通"吏"。李、吏,上古音同为来母之部字,读音完全相同。李、吏在上古文献当中常见,李本义为植物,吏本义为官吏,两字完全无意义联系,符合通假条件。行李,即行吏。行吏,即行走于道路上的官吏,即外交使节。《周礼》当中有"大行人""小行人",皆指外交使节。如若这样解释,疑难将涣然冰释。

上述两处注解错误说明中学语文教材的编著者训诂功底还有待进一步加强。

2. 训诂学与汉语言文学专业古代汉语教学

在高校当中,古代汉语是汉语言文学专业的基础课程,也是核心课程,与训诂的关系更为密切。古代汉语教学包括六个知识板块:文字、音韵、词汇、语法、古书的注解与翻译、古代文化常识,其中词汇教学与语法教学是重点,而这些都是训诂的工作,词汇教学更是训诂的中心工作。

目前流行于各高校的古代汉语教材分别是王力主编的《古代汉语》(中华书局,1963年版)、郭锡良主编的《古代汉语》(高等教育出版社,2005年版)、许嘉璐主编的《古代汉语》(高等教育出版社,1992年版),以王力版最为流行。三套教材各有优劣,王力版的文选编得较好,对中国文化史也多有介绍,功底深厚,最具权威性。郭锡良版是王力版的精简版,知识点一样,体系一致,然而难度较小。许嘉璐版从难度上来讲是最小的,更精简,但该书通论部分完全按文字、音韵、训诂、语法的古代汉语知识体系进行编排,十分适合考研的学生。

对汉语言文学专业的学生来说,中学语文教师将是其主要就业方向。对这部分学生来说,古代汉语的知识功底与相关技能要高于其他教师,要体现本专业的专业性。因此，只开设一门古代汉语基础课程不能满足学生未来工作的需要，还要开设文字学、训诂学、音韵学及古代汉语语法的专业选修课。这些课程当中，文字学与训诂学最为重要，汉语教学以字为本位，文字是古代汉语教学的核心，而训诂涉及古代汉语教学的方方面面。目前普通本科院校当中，并非所有的古代汉语教师都是汉语言文学专业出身，很多古代汉语教师讲授古代汉语课程尚且吃力，更遑论开设文字学、训诂学与音韵学等传统语言文字学的选修课。因此，加大训诂学的普及力度，夯实古代汉语教师训诂学功底至关重要。

3. 训诂学与国际中文教育

近年来，国际中文教育的水平正在不断提高，国际友人对中文教育的要求也在不断增加。国际中文教育的高级班开设"古代汉语"课程，选用的教材与中国的汉语言文学专业所用教材一致，像选自《左传·隐公元年》的《郑伯克段于鄢》就是一篇必读课文。这篇选文所涉及的文字、词汇、语法、修辞、音韵以及古代文化常识等，都要求国际中文教师具备一定的训诂理论素养和实践操作经验，能利用古代的训诂专著，如《说文解字》《尔雅》《方言》《释名》等字书辞书和《广韵》《集韵》等韵书。[①]这样，才能对古文作出正确的解释，教好高级班。这方面的内容将会在本章第四节中详细论述。

第二节　国际中文教师应具备的古汉语知识

作为一名国际中文教师，应该熟练地掌握汉语本体知识。汉语本体知识主要包含古代汉语知识和现代汉语知识两部分。现代汉语是在古代汉语的基础上经过数千年的发展演变而形成的。要深入理解并教好现代汉语，必须学习古代汉语。我们举例说明古汉语知识对国际中文教师的重要性。

第一，古今词义存有差异。"臭味相投"的"臭味"在古代汉语中就

---

① 古代的字书略等于现在的字典，如《说文》；辞书略等于现在的词典，如《尔雅》；韵书是为作诗押韵而编的，按韵编排，也是字典的一种，如《广韵》《集韵》。

指气味,包括香味和臭味,现代汉语只表示臭味。如果学生在阅读或者日常生活中遇到这样的词语,很容易对"臭味相投"的理解出现偏差。教师若不能从古代汉语的角度进行正确的解释,就会给学生的学习效果带来负面影响。

第二,汉字的演变、简化。例如"有朋自远方来,不亦说乎"的"说"与"悦"是古今字,如果学生不知道这个知识点,引用这句话时很容易闹笑话。教师在教学过程中应该告诉学生汉语词汇的特点,让学生有储备古汉语知识的心理准备。又如目前我们使用的简化字,其中一部分还保留着较为直观的语义。通过简单的汉字造字法的介绍,尤其是象形字的讲解,不但可以增加教学的生动性和趣味性,也能激发学生学习汉字的热情。

由此可见,汉语教师具有古汉语知识是十分必要的。我们从文字学、音韵学、词汇学、语法学等方面来谈汉语教师所应具有的古汉语知识。

一、文字学知识

汉字教学是国际中文教育的重要环节,这是由汉字特殊的书写符号系统所决定的。作为从事中文国际教育的教师,应该具备一定的文字学知识。文字学作为语言学的一个门类,主要研究汉字的性质、结构与演变。广义的文字学包括文字学、音韵学、训诂学。我们这里所说的文字学只是单纯的文字学,不包括音韵学和训诂学。国际中文教师要提高自己的文字学素养,必须掌握一些文字学知识。

第一,掌握汉字的性质和特点。汉字记录的语言单位是语素,语素也叫词素,是最小的语音语义结合体。汉字代表语素是汉字区别于表音文字(音节文字、音素文字)的一个重要特点。同时,汉字数量繁多,形体复杂,构形构意具有理据性。教师可根据汉字自身的规律,利用汉字的结构特点来教学。

第二,掌握汉字的构造。这是汉语教师必须掌握的知识。班固《汉书·艺文志》中有这样的记载:"古者八岁入小学,故周官保氏掌养国子,教之六书,谓象形、象事、象意、象声、转注、假借。"汉代许慎的《说文解字》在班固的基础上把汉字的造字法总结为"象形、指事、会意、形声、转注、假借"。象形就是用线条或笔画把物体的外形特征勾画出来。例如"龟"字像一只龟的侧面形状;"鱼"字是一尾有鱼头、鱼身、鱼尾的游鱼;"马"字就是一匹有马鬃、四条腿的马;"门"字就是左右两扇门的形状;"日"字就像一个圆形,中间有一点。指事是在象形的基础上添加一定的指示符号。例如"亦"字是在人的腋下打两点,表示腋下;"臀"字是在人的臀部作一个标记;"终"字是在线头的两端打上两个大结,表示完结终止。会意字是用两个或两个以上的独体字合成一个字来表示这些构字成分合成后的意义。教师熟知象形、指事、会意和形声四种造字法的基本特点,充分利用汉字的形体与音、义的关系,就能自如地进行汉字教学。此外,《说文解字》收录正篆 9353 字,重文 1163 字。这些文字分属于 540 个部首,并按大类又分为六类,分别是人体类、动物类、植物类、自然界类、器用类、数目类。了解《说文解字》的收字情况有助于教师在教授汉字的过程中利用偏旁笔画举一反三。看到"月"旁要联想到与身体有关的字,如肝、肾、肺、胖;看到"言"旁要想到与说话有关的字,如说、读、语;看到"疒"旁要想到与疾病有关的字,如疾、痛、癌等。记住了部首有助于联想到一系列该偏旁的字。在汉字教学中,教师应充分利用汉字的可分析性,加强对比分析,这对提高学习者的识记和读写速度有很大的帮助。

第三,掌握汉字的形体演变。一般认为,秦以前的汉字为"篆体",秦以后的汉字为"隶体"。汉字形体从篆书到隶书的演变称为"隶变",它是古今文字的分水岭。"隶变"之前的甲骨文、金文和篆书被称为古文字。古文字具有象形性、图画性的特点,产生的时间越早,就越能反映汉字所表达的本义。教师掌握不同汉字形体之间的差异,才能更好地利用早期文字形体来分析汉字。

第四,掌握古文字文化。在对外汉语教学中,文化介绍、传播与汉字教学是相辅相成的。[①] 作为表意文字的汉字有着深厚的文化内涵,如果只是教授学生语言知识,不讲解文字,就忽略了文字是语言的载体,忽视了文字是人际交流的重要工具。教师只有掌握了古文字的含义,才能正确地

---

① 张淑贤:《文化意识与对外汉语教学》,载于《北京大学学报》,1999 年第 4 期。

传播一些古汉语词汇中蕴含的中国传统文化,并在教学中对这些古文字知识加以合理利用,做到寓教于乐,不仅增加学生的学习兴趣,还能使他们更易于接受汉字的形义知识。

二、音韵学知识

音韵学是研究古代汉语各个历史时期声、韵、调系统及其发展规律的一门传统学问,是古代汉语的一个重要组成部分,但它向来被称为"绝学",让人望而生畏。对绝大多数将古代汉语的学习视为一门工具的留学生来说,完全没有必要去深究每个字是如何发音,声、韵、调是如何演变的。留学生只需大概了解古代汉语中音韵相关方面的规律,如平仄、押韵、对仗等。但是对国际中文教师来说,就需要掌握一定的音韵学知识。

第一,了解一些成语中保留的中古音。胡伟在《古代汉语在汉语国际教育专业课程体系中的作用》中指出古代音韵学知识在汉语国际教育中起了非常重要的作用,并且对我们分析和研究现代方言也具有很重要的辅助作用。比如"商贾"的"贾"读为 gǔ,这就是古音的保留。有些字今古读音不同,一些成语就保留了其在古代的读音,如"心广体胖"中的"胖",要读其古音 pán,很多留学生却读成了现代汉语的读音 pàng;"自给自足"中的"给"要读其古音 jǐ,很多留学生误读成 gěi。

第二,了解古汉语中一些特殊语音的变化,比如腭化音的产生、卷舌音的形成、尖团音现象,这体现了现代汉语声母的来源和历时演变。在对外汉语声母教学中,可能有学生会有这样的疑问"j、q、x""g、k、h""z、c、s"三组声母在高元音[i]前为什么只有"j、q、x"可以与之相拼呢?其实在中古汉语时期它们都是可以相拼的,后来腭化的产生导致这种情况。腭化是为了使语音更加符合口腔发音的生理结构,使发音更经济。在教学中,简单地向留学生介绍这种语音史有助于学生避免将"g、k、h""z、c、s"与高元音[i]相拼。除此之外还要善于运用音韵学知识对学生在语音方面出现的问题进行偏误分析,比如在语音教学中,韩国留学生往往会发不好唇齿辅音"f",容易把它误发为双唇音"b、p",这一方面反映了汉语古音的特征:古代轻重唇音不分,后来的唇齿音"f"是依据一定条件由双唇音"b、p"等分化而来的;另一方面反映了韩国语和古代汉语一样,没有轻唇音,即唇齿辅音。对外汉语教师可以利用音韵学中语音演变的规律,寻找类似的域外方音和普通话的对应关系,以便于留学生更好地掌握普通话,也可以利用纠正方音的方法引导学生训练这个语音点,并最终克服这个语音偏误。

第三,掌握押韵、平仄等规律。教授留学生古代汉语中平仄的规律,使他们体会汉语的抑扬顿挫,更好地理解和掌握四声,即使在发音方法上仍然存在一些困难,也能理性地自我纠错,自觉地遵循这一规律。

三、词汇学知识

现代汉语的大量词汇直接来源于古代汉语,除去一些"原始名称",大多数词都有其内部形式或者造词理据可寻。[①] 教学实践证明,讲清词语的内部形式、造词理据,对于成年学生理解、掌握词语具有十分重要的意义。假如教师缺乏扎实的古代汉语基础知识,就无法对词义作清晰的解释。教师需要掌握以下古汉语词汇学知识。

第一,掌握古代汉语中的古语词,包括文言词和历史词,比如"自相矛盾""刻舟求剑""朽木不可雕""不以物喜,不以己悲"等,这些成语、名句现在仍在使用。同时要着重注意古今词汇的差异,有针对性地学习和区分古今通用的词和古今不同的词。这也是在古汉语词汇方面应重点掌握的知识。

第二,重点掌握源自古代汉语的虚词。现代汉语的虚词部分源于古代汉语,有的甚至以"原生形态"进入现代汉语,并保持着一种超稳定的状态。实词总是与时俱进,不断增添新词汇,特别是名词和形容词,而虚词则不然,它已经语法化为固定的形式,语义语用稳定,成为现代汉语虚词系统中稳固的基石。在国际中文教学从口语向书面语过渡的过程中,开展古代汉语学习,不仅可以使学生用好现代汉语中的虚词,更能使学生"知其所以然",举一反三,灵活运用。在中高级对外汉语教材中有大量虚词和以虚词为主的句型,如"之""所""其""毫无""难以""既然""以……为……""为……而……"等,它们都带有文言色彩。如"既",

---

[①] 张永言:《关于词的"内部形式"》,载于《语言研究》,1981 年第 1 期。

甲骨文左边是盛食器，右边的人调头向后，表示食毕，后由"尽""完"的意义虚化为副词，表"已经"。现代汉语仍然保留了这一意义。"然"在文言中假借为代词，意为"如此""这样""那样"，现代汉语保持了该意义。《诗·大雅·烝民》"既明且哲，以保其身"中的"既"和现代汉语"百货公司的商品既美且廉"的使用句式与意义完全一样。又如"可以"这个词，初级班的学生已学，中高级班时，学生通过古汉语的学习就知道"可以"的来源。如《左传·庄公十年》："曹刿称：'忠之属也，可以一战，战则请从。'"在这个句子中，"以"作介词引出可凭借的事物，"可"表示客观情况容许，和"能"表示能力所及的区别立现。这样，现代汉语中"可以"的意义就更加明了。

四、语法学知识

古今语法变化不大，某些古代的语法格式仍然保留在现代汉语书面语中。如"不远万里"中的"远"是形容词的意动用法；"唯利是图"保留了古汉语中宾语前置的现象；而"诸"是兼词，"付诸于实践"是一个明显的病句。教师能否熟练讲解清楚常见虚词、句式的意义和用法，对于留学生理解掌握现代汉语是有意义的。作为国际中文教师，我们要掌握的知识主要有以下三方面。

第一，掌握古代汉语语法中的一些特殊句式，如宾语前置、定语后置、判断句式、被动句式、省略句式等，以及固定句式，如"以……为……""为……所……""何……之有""止……耳""乃……尔""亦……矣""虽……，必……""如……何"等。

第二，掌握词类活用的具体用法。古代汉语中有许多词语活用现象，如名词活用作动词，而现代汉语中名词一般作主语、宾语或者定语。教师运用对比法教学，可加深学生对语法的理解和学习。此外，形容词用作动词或名词、动词用作名词、名词用作动词、名词或动词作状语等现象，古代汉语教学也应该有所涉及，同时结合具体的课文进行解释，让学生明白不同的词性和意义。

第三，教师还应该掌握一些其他必备的知识，如文体、修辞、古代文化知识等。文体即文章的风格或体裁。古今文体有相同的地方，也有不同的地方。中国古代的文体有散文、韵文和骈文三大类。教师要掌握不同文体知识，针对不同文体有针对性地选择教学方法。修辞即对语言进行综合的艺术加工。古代汉语中也有多种修辞，包括引用、譬喻、代称、并提、互文、夸饰、倒置、委婉等。教师要区分各种不同的修辞以及分析修辞的作用。语言是文化的载体，文化沉淀在语言之中。在中高级汉语教学中会涉及众多的中国文化。成语、俗语、典故中有着丰富的文化内涵，没有深厚的文化背景是很难理解的。因此教师必须掌握大量的文化背景知识，讲明知识的来源，加深学生的记忆，使他们能在文化层面上理解和运用语言。

第三节 国际中文教师应具备的训诂学素养

国家汉办出台的《国际汉语教师标准》（2012年版）对国际汉语教师应该具备的素质进行了详细说明，标准分为五个部分：汉语教学基础、汉语教学方法、教学组织与课堂管理、中华文化与跨文化交际、职业道德与专业发展。标准的第二条"汉语教学方法"包括："2.1 掌握汉语教学的基本原则与方法。2.2 掌握汉语语音、词汇、语法和汉字教学的基本原则、方法与技巧，了解汉外语言主要异同，并能进行有针对性的教学。"

掌握汉语教学的基本原则与方法基于教师对汉语的本质与规律有深刻的认识，对汉语的教学方法有深刻的体认。训诂学是古文解释之学，训诂的基本方法以形索义、因声求义、比较互证，分别对应的就是汉字教学、语音教学与词汇教学。此外，传统训诂的内容还包括疏通文义、句读分析、语法说明、修辞手法的解释，以及对古人思想观点和情感心理的分析，这些都是国际中文教师在讲授汉语课程时必须具备的能力。如果从先秦算起，训诂学应该有将近三千年的历史，从大规模注解古书的汉朝算起，也有两千多年的历史，在漫长的训诂实践当中，古人留下了很多值得我们吸收借鉴的方法，这些都需要新一代国际中文教师学习、掌握，并运用于实际的汉语教学当中。

国际中文教育的词汇教学最近几年来也由词本位转向字本位，这是正确的决定，也是汉语教学实践的自然选择。汉字是适应汉语的特点而产生的。汉语是一种音节较简单的语言，有人统计过，汉语的声母和韵母有效的组合有403种，乘以四个声调，汉语的不重复音节约为1600个。现代汉语词汇以双音节词为主，也就是每个词只有两种排列组合的可能。哪怕只算双音节词，汉语词汇总量也高达数十万个，要用这1600多个音节表示数十万个词，必然会出现大量同音异词现象，这直接决定了汉字不能采用英文这样的表音文字，而只能使用表意文字。诚如高本汉所言："中国不废除自己特殊的文字而采用我们的拼音文字，并非出于任何愚蠢和顽固的保守性。中国的文字和中国的语言情形非常适合，所以它是必不可少的。"[1] 因此国际中文教育的重难点就在教习汉字，对非汉字文化圈的留学生而言，更是重中之重。汉语本身并不难掌握，难掌握的其实是汉字。

汉字作为一种有五六千年历史的古老文字[2]，自有其意义体系。汉字的形义关系本来就是训诂学研究的内容之一，文字学与训诂学的联系是最密切的。目前，国际中文教育的汉字教育普遍存在识写不分、汉字的形义关系及汉字与中国文化的关系讲解不够深入的问题，导致学生只能机械地记忆汉字，识字难，写字更难，这也是许多欧美裔留学生对汉语学习望而却步的重要原因。

笔者认为，国际中文教育当中的汉字教学应将识字教育与写字教育分开。从识字的角度来说，应以汉字的最小表意单位——部件着手，从写字的角度来说，应从书写的最小单位——笔画入手。

首先，我们说一下训诂学与国际中文教育的识字教育。黄侃先生说过："少则几千，多则数万的汉字皆可绳穿条贯。"通过表示相同意义的部件，我们可以将大量汉字归入不同的意义体系，对成人来说，这样的教学方法才是高效的。首先，我们可以利用汉字的部首或是形声字的声旁，将汉字的形义联系起来，对汉字进行归类。如：

页部：顶、颈、额、颊、颜

---

[1] 高本汉：《中国语和中国文》，商务印书馆，1931年版。

[2] 汉字的源头并不在殷商甲骨文，甲骨文已是成熟的文字体系，汉字起源的上限在公元前4000年至公元前3500年的新石器时代，下限在公元前2100年至公元前1900年的夏代，据今五六千年的山东大汶口新石器时代的陶器上的符号是甲骨文的前身。相关论述见王宁：《汉字与中国文化十讲》，生活·读书·新知三联书店，2018年版，第7~19页。

月部：肺、肝、脾、肾、腰

辵部：过、进、造、迎、送

阜部（左耳旁）：阴、阳、陆、险、阻

邑部（右耳旁）：都、邦、郡、鄙、郊

"页 xié"本义为人的头面部，其甲骨文、金文字形为：

图 2-1

《说文》释为"头也"，故从"页"之字皆与头相关："顶"为头顶，"颈"为脖子的前部，"额"为额头，"颊"为脸颊，"颜"是整个脸面。"月"是"肉"用作部首时的变体，故而从"月"之字多与身体部位相关，上列各字皆为人体器官名称。"辵"部本义为行走，故而从"辵"之字皆与行走有关：过，经过；进，上前一步；造，造访；迎，迎接；送，相送。中国人平常说的"耳朵旁"有左耳旁与右耳旁之分，左耳旁为阜，右耳旁为邑。阜，本义为大土堆，因此从"阜"之字都与"山"或"高"有关：阴，山的北面，背阴面；阳，山的南面，向阳面；陆，高而平的土地；险，山路不平；阻，山路的障碍。邑，本义为人聚居之地，因此从"邑"之字皆与城市或行政区域名相关：都，大城市，国都；邦，国家；郡，县以上的行政区域；鄙，边远的城邑；郊，城外之地。

这些部首有很多就是形声字的形旁，可用作系联汉字的工具。形声字的声旁除了可以标示读音以外，还有示源作用。下一节将对此进行论述。

汉字之间并不是杂乱无章的组合，而是一个依义类系联的整体，系联的枢纽就是汉字的部首。部首首创于东汉许慎，其耗费三十年精力编纂的《说文解字》是我国第一部按部首编排的字书。许慎将 9353 个小篆字形分到 540 个部首当中，等于将 9353 个汉字分成了 540 个意义系统，据形系联，将汉字的形义结合在一起。当然，许慎的分类法与现代字典辞书的分类法略有不同，从检索的角度来说不甚方便，但这种据形系联、按字义分类的方法对汉字教学有很大的启发。试举《说文·老部》为例：①

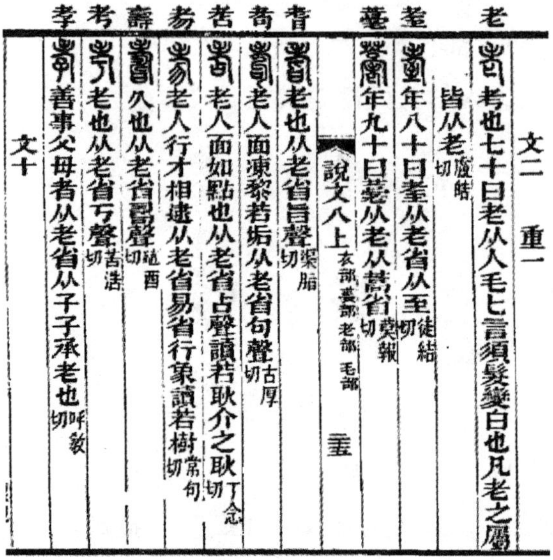
文二 重一
老 考也七十曰老从人毛匕言須髮變白也凡老之屬皆从老（盧皓切）
耋 年八十曰耋从老省从至（徒結切）
耄 年九十曰耄从老从蒿省（莫報切）
說文八上 衣部 裘部 老部 毛部 圭
耆 老也从老省旨聲（渠脂切）
耇 老人面凍黎若垢从老省句聲（古厚切）
者 老人面如點也从老省占聲讀若耿介之耿（丁念切）
耈 老人行才相逮从老省易省行象讀若樹（常句切）
壽 久也从老省𠷎聲（殖酉切）
考 老也从老省丂聲（苦浩切）
孝 善事父母者从老省从子子承老也（呼教切）
文十

图 2—2

《说文·老部》下共收“老、耋、耄、耆、耇、者、耈、寿、考、孝”十字，除“者、耈”两字较生僻外，其余八字皆为现代汉语通用字体，其中“老、孝、寿”皆为常用字体，“耄耋”因为“耄耋之年”这个成语的存在，在高级汉语教学当中是不可避免的。老的本义为老人，其甲骨文像一个拄着拐杖的老人之形，故而从“老”之字皆与老人有关。孝指对老人的敬养；寿，指老人年高。这两个字都是传统文字学中所说的“省形字”，即省去表义的形旁“老”的一部分，但其意义可以通过复形的方法得到解释。从现代汉字的角度来看，“寿”字已看不出“老”形，教师可引用《说文》等古代字书对汉字进行溯源，使其字义字形得到合理解释，也方便学生记忆。学习汉语的有不少是成年学生，其抽象思维已经得到了很大的发展，这样的教学方法更适合他们，也更能激发他们学习汉字的兴趣。

其次，我们说一下汉语成语教学。成语词义的解释也依赖训诂学素

① ［汉］许慎：《说文解字》（影印本），中华书局，1963 年版，第 173 页。

养。例如成语"钟灵毓秀"中的"毓"字的含义为"蕴含",常令学生困惑。其实是因为很多汉语国际教师本身也不明白这个字的本义。该字其实是"育"的本字。看它的字形发展脉络①:

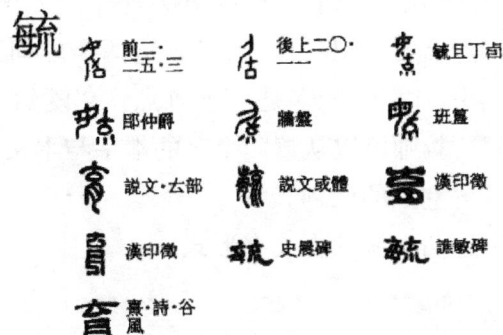

《说文》:"育,养子使作善也。从 𠫓,肉声。《虞书》曰:'教育子。'毓,育或从每。"段玉裁注:"毓,《周礼》、《周易·蒙卦》皆作此字。每,艸盛也。养之则盛矣。"

图 2-3

可知"毓"字到隶书阶段已写作"育"形。观察其甲骨文、金文字形,其左为妇女生产之形,其右为头向下的孩子,描绘的正是妇女生产时的情景,其本义应为"生育",与"育"的今义同。"毓"所从之"每",实为"母"字的变形。我们可以看看"母"字的古文字字形②:

图 2-4

可见金文当中的"母"字形与"毓"的左半部分相同,这也从另一个角度证明了"毓"的本义为"生育"之"育"。《说文解字》的释义"养子

---

① 徐中舒等:《汉语大字典》(缩印本),湖北辞书出版社,四川辞书出版社,1992年版,第997页。
② 徐中舒等:《汉语大字典》(缩印本),湖北辞书出版社,四川辞书出版社,1992年版,第133页。

使作善",是"教育"之义,已是"毓"的引申义了。如果没有古文字知识,就无法正确揭示该字的本义,在汉语字词教学上无法令成人学生心服。

最后,我们说说国际中文教育当中的语法教育。汉语当中有两个虚词经常会被学生混淆,这就是"既"与"即"。这两个虚词无论读音还是字形都非常接近,如何分别这两个字是一个难点。"既然"用的是"既","立即"用的是"即"。教师可以从这两个字的本字与本义的揭示、引申义的脉络的梳理上来讲解它们的区别。

我们先来看一下这两个字的古文字形式:

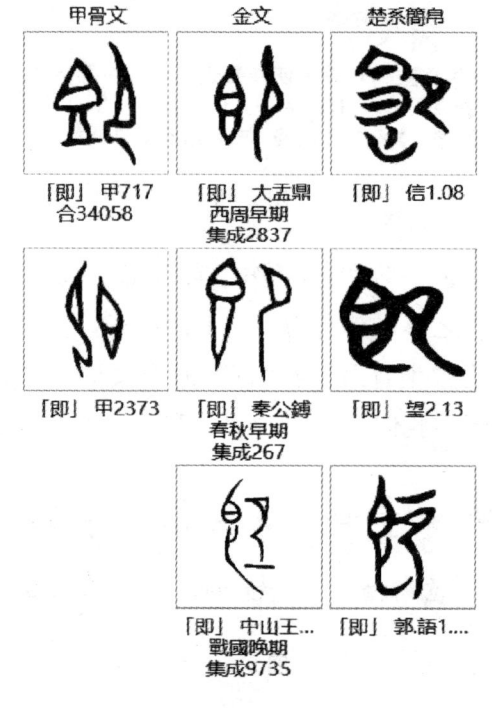

图 2-5

从甲骨文、金文和战国竹简的字形来看,"即"像一个人面对着装满食物的食盆将要吃的样子,会意为"立即、马上",还有"靠近"的意思,故而"立即""即位"皆作"即"。该字的楷书字形仅仅是将象形的曲笔拉直,使其更为方块化而已,经过溯本复形就可以看出古文字字形。

再看"既"①:

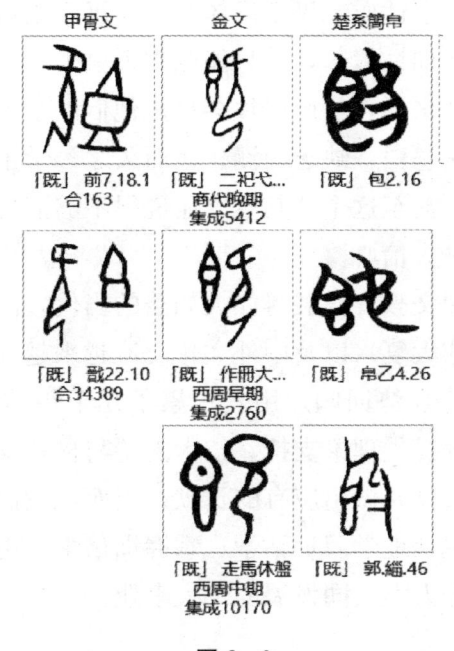

图 2-6

从甲骨文、金文与简帛文字来看,"既"与"即"正相反,同样是坐在盛满食物的食盆前,但是这个人已经吃饱了,把头扭了过去,会意为"完成",故而"既然"用"既"。"既然"在古代汉语当中正是"已经如此"的意思。现代汉语的"既然"是一个让步转折复句连词,它的让步意义是从"已经如此"发展而来的。可以看出楷书的"既"与古文字字形的承继关系,只是将象形的曲笔平直化、线条化了。

通过对"即"与"既"的古文字字形的梳理与词义引申脉络的说明,有利于学生了解这两个虚词的字义与字形之间的关系,明白为什么在这个意义下要这样写,在那个意义下要那样写,有利于区分这两个音近形近字。

综上,国际中文教师在汉字识字教学、词汇教学、语法教学上能够做

---

① 徐中舒等:《汉语大字典》(缩印本),湖北辞书出版社,四川辞书出版社,1992年版,第482页。

到深入浅出的分析与引导，与教师本人的训诂学素养是分不开的。如果没有关于汉字起源、汉字性质、汉字形体演变、汉字结构、汉字形义关系与词义引申规律的专业训诂素养，就只能照本宣科，人云亦云。对年龄较小的母语非汉语学习者来说，长此以往会打击他们的学习积极性。对成年学习者来说则显得肤浅苍白，缺乏内涵。久而久之，学生会觉得老师只知其然而不知其所以然，甚至这个"其然"还说得不够清楚明白，也会让他们对汉语及汉语学习失去信心。

因此，在国际中文教育发展得如火如荼的当代，国学热持续升温的今天，乘着中华民族伟大复兴以及中外文化交流越来越强劲的东风，训诂学作为国学的基底必将强势回归，用其积累了几千年的实践经验与丰富材料，为国际中文教育提供理论支持、技术支持与材料支持，为中外文化交流、中华民族的伟大复兴做出应有的贡献。因而，我们每个国际中文教育工作者都应当积极主动地学习训诂学、掌握训诂学，更好地完成这一利国利民，甚至有利于全人类共同发展的伟大事业。

第三章
国际中文教师训诂能力的培养过程

第一节　国际中文教师应掌握的主要训诂方法

本章主要论述国际中文教师训诂能力的培养过程，将对国际中文教师的能力进行定义，并在此基础上对其能力的培养方法及具体过程进行简要论述，力图为国际中文教师能力的提高提供借鉴。

前文说过，训诂本身是一种工作，即阐释古代文献文意，使古人与今人思想得以贯通。高级汉语的教学中包含古代汉语的教学内容，因此培养国际中文教师的训诂能力显得尤为必要。从传统语文学的角度来看，训诂能力即能综合运用文字学、音韵学、训诂学的基本理论解决古文阅读当中的障碍，为文意的深入阐释提供基础。当然，传统训诂还包括词义探源、典故考据等。国际中文教师不必掌握这些过深的专业知识，但掌握文字学、音韵学的基本理论，掌握训诂的基本方法，能对一般古文进行正确解读，对现代汉语与古代汉语当中的语音、文字、词汇、语法问题进行讲解却是必要的。这个能力的培养需要一个过程，最有效的办法就是阅读一些传统语言文学专著。但很多小学专著都是未标点的，目前国际汉语教师大多来自不同的专业，水平参差不齐，如果让这些国际汉语教师直接接触小学专著，恐怕很多人要望而却步了。因此本章将分节对国际汉语教师应掌握的训诂方法进行详细论述，并尝试探索培养方法。关于训诂方法，各种教材都有论述，有些教材总结出来的训诂方法达十数种，下面将分类论述。

郭在贻的《训诂学》是最早的较权威的训诂学教材，影响了后来的一大批训诂学研究者与教学者。郭先生将训诂的方法分为八种：据古训、破假借、辨字形、考异文、通语法、审文例（连文、对文、俪偶、上下文、整部书的用词）、因声求义、探求语源。① 这些方法较为具体，如果将其归纳起来，"破假借""辨字形""考异文"其实是从汉字字形的角度分析语义，"因声求义""探求语源"其实是从汉字字音的角度阐释意义，"通语法"是从语法的角度解释语义，"据古训"其实是利用前人的注解，"审文例"是从辞章学的角度来分析语义。这些与其说是训诂方法，不如说是训诂方法与训诂内容的综合论述。

周大璞在《训诂学初稿》中将训诂方法归纳为四种：因声求义、以形说义、直陈语义、据境索义。② 前三种其实是传统训诂方式"声训""形训""义训"的演绎，后一种是作者新加的，其实质是利用上下文探索语义。

郭芹纳在《训诂学》教材中将训诂的方法归纳为三种：因形求义、因声求义、因文求义。③ 这种分类比前两位先生都更具有概括性。他的因形求义可以概括郭在贻的"破假借""辨字形""考异文"，因声求义可以概括郭在贻的"因声求义""探求语源"，因文求义可以概括郭在贻的"通语法""据古训""审文例"，是近年来教材当中对训诂方法概括得较精准的一部。

笔者以为，关于训诂方法，其实不必别出心裁，另立山头，早在1983年，陆宗达、王宁在合著的《训诂方法论》里已经对训诂方法出了精要的概括与准确的解释，那就是以形索义、因声求义、比较互证。

以形索义，即通过字形去探究字义，进而探究字义所代表的词义的一种训诂方法。东汉许慎的《说文解字》就是这种训诂方法的集大成者。以形索义强调溯本复形，要求尽量找到所求字的最古老的字形，最好是甲骨文和金文，其次是战国古文、籀文和小篆。从字的结构来说，象形、指事、会意是最好利用以形索义的训诂方法的。这种方法有其局限性，要注意与考核文献结合起来，否则极易犯"望形生训"的主观错误。

---

① 郭在贻：《训诂学》，中华书局，2005年版，第54~72页。
② 周大璞：《训诂学初稿》，武汉大学出版社，2003年版，第196~227页。
③ 郭芹纳：《训诂学》（第二版），高等教育出版社，2017年版，第32~110版。

因声求义，即通过所求字的读音探求其义的训诂方法。语音有时能反映比字形更本质的东西，因而因声求义的训诂方法常用于语源探求。东汉刘熙的《释名》就是因声求义的训诂方法的集大成之作，据现代学者研究，《释名》当中的声训 80% 以上是靠得住的。

比较互证的训诂方法是陆宗达、王宁两位先生的原创，"运用词义本身的内在规律，通过词与词之间意义的关系和多义词诸义项的关系对比，较其异、证其同，达到探求和判定词义的目的，这种训诂方法，可以称作'比较互证'"[①]。比较互证的训诂方法有一个认识前提，即汉语词义是自成体系的，这个体系被陆、王两位先生归纳为"词义引申的规律"，这点将在本章第四节详细论述。那么，我们在解释一字一词的时候，就不应当局限于该字该词所属的句子，而应将其放在词义系统中综合考量，比较其不同点，总结其相同点，找到该词在词义引申义列所属的节点，从而得出词义的确解。这种训诂方法当然包括"通语法""审文例"的内容，甚至包括对修辞手法的分析等。

因此，我们认为，国际中文教师应当掌握的训诂方法归纳起来只有三种：以形索义、因声求义、比较互证。下面将分节详述这三种训诂方法。

第二节　以形索义的训诂方法

以形索义的训诂方法，顾名思义就是通过汉字字形的考索去探究字义，从而解释字词义理。国际中文教师在运用这种训诂方法时，需要掌握的知识主要有以下几项：汉字的性质、汉字的起源、汉字字形的形体演变历史、汉字的结构（六书）、汉字的形义关系、汉字本义的考证方法。下面分项论述。

关于汉字的性质以往有过很多的讨论。归结起来无非以下几种：意音文字、音节文字、语素—音节文字、表意文字。这几种说法的着眼点各不相同。意音文字是从完整字符的角度来定义的，每一种文字都是既表音又

[①] 陆宗达、王宁：《训诂方法论》，中国社会科学出版社，1983 年版，第 131 页。

表意的，故而意音文字的说法不能体现汉字的特点，是无意义的说法。音节文字着眼于汉字所表达的语音单位，一个汉字表示一个音节，这一点是没有错的，但是这种说法忽略了汉字字形与字义之间的关系。值得一提的是，这种说法指出了汉字与以英文为代表的欧美文字字符的根本区别，也就是一个完整的汉字代表了一个完整的音节，而一个英文字母只能代表一个音素。由此又有了第三种说法：语素—音节文字。这种说法说明了汉字字形与字义、字音之间的关系：一个汉字代表一个语素、一个音节。语素就是最小的音义结合体，故而这种说法跟"意音文字"的说法一样，没有多大的学术价值。

意音文字、音节文字、语素—音节文字这三种说法都是把整个汉字作为讨论的基本单位的，故而我们有必要讨论一下给文字定性要以什么为基本单位。我们在讨论英文的性质时，是以字母为基本单位的。一个英文字母代表一个音素，而音素是从音质的角度区分出来的最小的语音单位，它本身是不表意的，只有数个音素组合成音节，而音节又组合成词的时候才表示意义，故而我们说英文是表音文字。这种定性方法同样适应于汉字。那么我们就有必要讨论什么是汉字的基本单位。

汉字的基本单位是部件。从汉字的字形进行拆分，由小到大可以分为三个层次：笔画、部件（包括传统上所说的偏旁与部首）、整字。笔画是写字的基本单位，但从构形角度来说，笔画不是最小单位。汉字的基本笔画如果离开了汉字的系统则与一般图画无异，只有当其组合成部件的时候，其才能与一般图画区分开来，成为构字的基本要素。这就是新石器时期的陶器上的刻符到底是不是文字始终存在争议，而甲骨文是一种文字却无争议的原因。这一点与英文不同，英文字母自始至终都被认为是一种构字符号。因此，汉字的基本构成单位应是部件。确定汉字的性质就是确定部件的性质。

王宁在《汉字构形学导论》里将汉字的部件分为三种：基础构件、直接构件、过渡构件。其又依成字与不成字的标准将部件分为两种：成字构件与非成字构件。① 基础构件又叫形素，是从汉字字形的第一层拆分出来的，但又不能直接体现造字意图的构件，如"器"当中的"口"与"犬"，直接构件也是从第一层拆分出来的，能直接体现造字意图的构件，如"薄"字当中的"艹"与"溥"。处于基础构件与直接构件之间的则属于过渡构件，如"薄"当中的"甫"。② 但无论是哪一种构件，它本身都表示某种意义，如"口"代表人的口吻，"犬"代表犬类，"艹"就是"草"，"甫"是礼帽。汉字的部件是表意的，相较之下，英文的字母是表音的，因而我们说，汉字是表意文字。这已成定论，国际中文教师在教授汉语与汉字的时候，不应当再对这个问题有疑问，要有理有据地向学生说明这个问题。

跟汉字性质相关的另一个问题就是汉字为什么不走拼音化的道路。这点已经在第二章第一节中进行了阐述，此不赘述。同理，关于汉字不走拼音化道路的问题，国际中文教师也必须有理有据地跟学生讲清楚。

一、汉字的起源

关于汉字的起源，一般有五种说法：图画说、图画与刻画说、八卦说、结绳说、仓颉造字说。这五种说法并不是同一层次的概念，前四种说的是汉字起源时的形态，第五种说的是汉字的创造者。

我们先说说汉字起源的形态问题。一般认为，汉字的最终形态主要是图画，其次是刻画。最早的一批汉字，也就是象形字，是从图画（大部分是族徽符号）演变来的。除了图画以外，类似西安半坡村河姆渡文化遗址出土的陶器上的刻符，就是一些抽象的刻画符号，这些符号后来变成汉字里的指事字。图画与刻画孰先孰后，决定了象形字与指事字哪个在前的问题。一般认为，图画是汉字起源的主流，抽象刻画是辅助，因此，我们在说六书的顺序的时候，都采用班固的顺序和许慎的定称：象形、指事、会意、形声、转注、假借。象形在指事之前。

---

① 本书"部件"等于王宁先生所说的"构件"。参见王宁：《汉字构形学导论》，商务印书馆，2015年版，第98~105页。

② "甫"本身由"𤇾"与"用"两个基础构件组成，不能直接体现构字意图。

八卦是上古流传下来的一套解释世界的符号，由两种基本笔画构成，一种是"——"，另一种是"— —"。前者为阳爻，后者为阴爻。据郭沫若、周予同等人考证，阴阳二爻实为生殖崇拜的遗迹，"——"表示男性的性器官，与西方古代民族以三角形、十字形、尖塔、棍棒等表示男性性器官相同。"— —"表示女性的性器官，以中间的空隙显示其意，与西方古代民族以圆形、门扉、船等表示女性性器官相同。将阳爻和阴爻组合为三画一组的图形，就形成了八种卦象：

图 3-1

古人将这八种卦象对应八种自然事物"天、地、雷、风、水、火、山、泽"，又将其与八种动物"马、牛、龙、鸡、豕、雉、狗、羊"、八种人体部位"首、腹、足、股、耳、目、手、口"相对应。这种对应纯属随机，并无必然联系，但这是古人思考世界和解释世界的一种方式。八卦不具备演变成文字的条件，也不可能演变为文字，但作为一种文化现象，必然会在文字当中留下痕迹。如"教"与"学"原为一字，皆作"學"，"學"的上半部就是"爻"。可见，古人是将八卦作为教学工具或教学内容的。

结绳指结绳记事。托名孔安国的《尚书序》载："古者伏牺氏之王天下也,始画八卦,造书契,以代结绳之政,由是文籍生焉。"《庄子·胠箧》:"昔者容成氏、大庭氏、伯皇氏、中央氏、栗陆氏、骊畜氏、轩辕氏、赫胥氏、尊卢氏、祝融氏、伏牺氏、神农氏,当是时也,民结绳而用之。"也就是说在文字出现之前,古人用结绳来记录世事,文字出现以后,结绳记事才慢慢退出历史舞台。结绳能够记录的信息有限,也不可能演变成文字,但与八卦一样,作为一种文化现象,也必然会在汉字中留下痕迹。如汉字中的"廿""卅""世",其金文字形为:

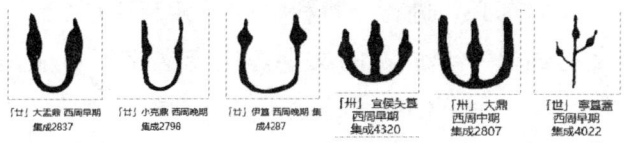

图 3-2

三字皆像绳上打结的样子,一个绳结表示十,故"廿"有两个结,"卅"有三个结,"世"则用多结的绳索表示子孙世代。汉字的"孙"金文为:𢎜,该字的造字意图应是这样的:左边是孩子,右边用绳结表示世世代代的子孙之意。

下面说一下汉字创造者的问题。关于汉字的创造者,神话传说中当属仓颉造字说最为流行,《史记·五帝本纪》也采用这样的说法。时至今日,事事讲求证据的当代人认为没有考古材料证明仓颉其人在历史上存在,只是一个传说,不可采信。笔者也认为文字不可能是一个人创造的。即使是甲骨文,多达 4000 字的量,由一个人来创造恐怕也是难以置信的。因此,汉字的创造者必定是一个集体而不是一个人。这个集体不宜定得过宽,因为上古时期只有贵族才能接受教育,才有管理权。在科举制度确立以前,平民没有参与政治管理的权利,当然也就没有读书识字的必要。上古时期最需要使用文字的是史官,这些史官同时也是巫师。上古时期有两件大事:战争与占卜。巫师占卜后需要记录,那么就需要一套简单完备的记录符号,显然靠画画是不可能完成这个任务的,文字就应运而生。因此,将文字的创造者定为"巫史"是比较合适的。而仓颉是他们当中比较出色的一个,人们也愿意相信是他创造了文字,因此将文字创造者的身份给了他。

关于汉字起源的时间历来有不少争论。中国人一向的说法是"中华文明有五千年的文明史",这个文明史是从文字出现开始算起的,也就是说,中国人历来认为汉字起源的时间在距今5000年前的新石器时代,也就是公元前3000年左右。这个说法由于考古证据的问题在西方受到一些质疑。最早的成体系的汉字考古证据只有殷商甲骨文,甲骨文距今有3400～3600年,故而某些人否认汉字有5000年历史,也就是否认中华文明有5000年历史。国际中文教师在教学当中也有可能受到学生的这种质疑。对于这个问题,我们有必要进行一番科学的考索与论证。

殷商甲骨文已经是一套成熟的文字,这套文字不可能是凭空冒出来的,在它之前肯定有一个草创期。这是逻辑推理的结果,逻辑推理也需要事实依据,这个依据就藏在黄河—长江流域的一系列新石器时代的遗址里。这些遗址主要有山东大汶口新石器时代遗迹、西安半坡村河姆渡遗迹、浙江余姚良渚文化遗迹,这些遗迹上都发现了一些特殊的符号,大致可以分为两种类型:几何图形、具象图画。前一种以西安半坡村河姆渡遗迹上的抽象刻符为代表,后一种以山东大汶口新石器时代遗迹上的图画为标志。

图3-3

再来看看山东大汶口新石器时代遗迹的象形图画①：

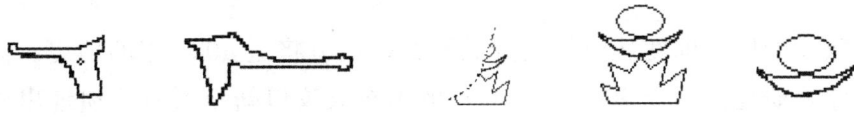

图 3-4

在这五个图形当中，前两个与甲骨文的"戍"字相同，第三个是一个残片，将其复原后的图形是第四个，同时还发现了第五个这样的图形。这说明这些图画可以分开、组合起来使用，构成意义体系的可能性极大，可算作前文字。

这些新石器时代的遗迹上的陶器刻符距今 5000～6000 年，因此，保守地说，汉字起源的时间定在公元前三世纪的中期是没有问题的。②

王宁在《汉字与中国文化十讲》一书中也讨论过汉字起源的时间问题。王宁认为，汉字的起源可以定一个上限和一个下限，汉字就是在这个时段内慢慢孕育产生的。汉字起源的上限在公元前 4000 年的仰韶文化时期，下限在公元前 2100 年（也就是夏代）。③ 这个说法将汉字的历史由 5000 年提高到了 6000 年。

王宁是将汉字的起源放在世界文字发源的大历史环境下考察的。除汉字外，世界上的自源文字还有三种：苏美尔楔形文字（古巴比伦国），埃及圣书字（古埃及），克里特岛线性文字 A、线性文字 B（古希腊）。苏美尔文字产生于公元前 3200 年，埃及圣书字产生于公元前 3000 年，克里特岛线性文字 A 产生于公元前 1605 年，线性文字 B 产生于公元前 3000 年。④ 这些文字产生的时间大致都在公元前 3000 年。人类文明的共性远远大于异性，同为大河文明，汉字产生的时间应与这些古文字产生的时间相近。王宁先生的意见合乎事实和逻辑，是汉字起源的允当看法。

---

① 裘锡圭：《文字学概要》，商务印书馆，1988 年版，第 25 页。
② 裘锡圭：《文字学概要》，商务印书馆，1988 年版，第 25 页。当中讲到，汉字形成过程开始的时间，不会晚于公元前 3000 年中期。参见该书"汉字的形成和发展"中对汉字形成问题的讨论。
③ 参见王宁：《汉字与中国文化十讲》，生活·读书·新知三联书店，2018 年版，第 19 页。
④ 参见王宁：《汉字与中国文化十讲》，生活·读书·新知三联书店，2018 年版，第 3～5 页。

二、汉字字形的演变

汉字的历史即使从甲骨文开始算起，也有将近 4000 年的历史。据古文字学家研究，距今 5000~6000 年的山东大汶口新石器时代遗址出土的陶器上的刻符与殷商甲骨文有亲缘关系，应是甲骨文的前身，因此，说汉字有 5000 年以上的历史应是没有问题的。汉字从大汶口时代的原始刻符文字发展到殷商甲骨文，又发展到西周春秋金文，再经历战国大篆、秦代小篆、汉代隶书、行书、草书，然后到魏晋的早期楷书，最后在唐代完成了演变的最后一环，形成了以楷书为正体，行书、草书为艺术字体的三分局面。我们把汉字字形演变分为古文字与今文字两个阶段，古今文字的分水岭是隶书。隶书以前属于古文字，隶书以后（包括隶书）属于今文字。

关于汉字的结构，传统的说法有"六书说"，即象形、指事、会意、形声、转注、假借。许慎对六书的定义是："象形者，画成其物，随体诘诎，日月是也；指事者，视而可识，察而可见（段玉裁改为'察而见义'），上下是也；会意者，比类合谊，以见指挥，武信是也；形声者，以事为名，取譬相成，江河是也；转注者，建类一首，同意相授，考老是也；假借者，本无其字，依声托事，令长是也。"这一说法流行了近两千年，进入新时代，学界不停地对六书提出质疑。唐兰就曾提出三书说"象形、象意、形声"，而裘锡圭也提出他的新三书说"表意、假借、形声"，但是又承认有三书说概括不了的汉字结构类型，于是又在三书说外另增加"记号字、半记号字、两声字"等类型。其余批判六书说的人想要提出新说法的时候，无不以裘锡圭的新三书说为蓝本。首先，我们要分清两个层次的问题，即造字方法与汉字的结构。前一个是汉字创造之初所用的方法，后一个是汉字定型以后对其构造进行静态分析。传统六书说之所以为人诟病，就是因为它混淆了这两个层次的问题。关于汉字的结构，说得最好的就是王宁。汉字的基本构成单位是构件（即部件），汉字有四种构件：①表形构件（果字中表果实的部件），②表义构件（部首，如考字的老部、鼻字的自部），③示音构件（声符，如江的工、河的可、星的生），④标示构件（指事符号，如上、下的短横）。

这四种构件以十种方式进行组合就构成了汉字，这十种组合方式是：

①成字构件零合成(例如"木"),②标形合成(例如"本"),③标义合成(例如"音"),④会形合成(例如"春",两只手舂米的样子),⑤形义合成(例如"柬"jiǎn,本为拣字本字,从束从八),⑥会义合成(例如日月为明,牛角与刀为解,本义为解牛角。这一类是真正的会意字),⑦形音合成(例如"鳳");⑧义音合成(例如"桃""肿")。⑨无音综合合成(例如"折",取把草折断、以斤断草之义,就是用镰刀割草)。⑩有音综合合成(例如"能",ㄙyǐ表音,"能"指熊一类的动物,这是它的本义)。①

王宁先生的观点为多年来的汉字六书之争画上了一个完美的句号。

汉字的形义关系主要指以下几个方面：一形数义、一义数形、字形相近意义相通。第一个方面涉及同音词的问题，第二个方面涉及异体字、通假字的问题，第三个方面涉及古今字与同源字的问题。

所谓古今字是指在汉字发展的历史长河中，早期的汉字由于承担义项过多，后来人们为了区别它的不同义项，相应地造出一些带有区别性符号的新字。在形体上相关、意义上有联系的早期汉字与新造字之间就具有一种古今字的关系。

同字书写而义不相关的同音词很多是由于文字假借构成的。如表示花朵之"花"与表示花费之"花"，表示日暮之"莫"② 与用作否定代词之"莫"，表示一种武器之"我"与表示第一人称代词之"我"，表示"鸟黄色"之义的"焉"与表示语气词的"焉"。

异体字是指两个或两个以上的写法不同、读音和意义完全相同、在任何情况下都可以互相替代的字，如岳—嶽、渺—淼、峯—峰、邨—村等。

了解异体字对我们阅读古籍有很大帮助，比如《淮南子》有一篇名为《墬形训》，不知道这个"墬"字就是"地"的异体字，会把它误认为"坠"，读成《坠形训》。

通假字指的是"本有其字的假借"，也就是文字体系当中本来是有记录这个词的字的，故意不用这个字，用一个同音字来代替。通假字其实就

---

① 详见王立军等：《汉字应用通则》，春风文艺出版社，1999年版，第99页。
② 这一意义后来写作"暮"，与"莫"字构成古今字关系。

是古人写的"别字"。要判定两个字是否为通假字，要满足三个条件：语音要相同、意义上没有任何联系、同时共存。这里的语音当然指古音，例如跳蚤的"蚤"借用作早晨的"早"，"蚤、早"古音都在精纽幽部，是双声叠韵关系。二者意义上有联系，尽管语音上相同，也不能看成通假字，跳蚤的"蚤"与早晨的"早"，无论如何也看不出它们之间的意义联系，故说"蚤"通"早"。但是"说"与"悦"的关系就不一样了，"说"有开解之义，胸中的块垒经别人的开导而解开了，心中就充满欢畅的感觉，故"说""悦"就有意义上的联系，就不能说"说"通"悦"。通假实际指的是"本有其字"的假借，也就是说某通某，这两个字在这个时代同时都存在。例如《诗·豳风·七月》"四之日其蚤"，《周礼·地官·大司徒》"其植物宜早物"。《诗经》与《周礼》的成书时代相当，也就是说在东周时期，这两个字都同时存在，故说"蚤"通"早"是可以的。但《庄子·逍遥游》中的"怒而飞"，有的教材讲"怒通努"就不行了。因为在《庄子》成书的时代根本就没有"努"字，"努"字是在中古以后才产生的，《广韵》才查得到这个字。当时还没产生这个字，不能说它们相通。

古今字有三种类型：①在古字的基础上增加形符；②在古字的基础上增加声符；③在古字的基础上改换形符。

第一种类型如：大—太、弟—悌、敦—熟、队—坠、涂—塗、贾—價、属—嘱、县—悬、共—供、辟—避、知—智、昏—婚、田—畋、戚—慼、卷—捲、尸—屍。

第二种类型如：自—鼻、晶—星。

第三种类型如：说—悦、閒—間、赴—讣、错—措、陈—阵。

同源字如：無—舞、介—甲。

以形索义的训诂方法依赖字形，在无法确定文献中字的含义的时候，可以通过查检、分析其字的甲骨文、金文字形来探寻其代表的词义。当然，甲金文来源于图画，其本身很多也是图画。对图画的分析总是存在很多种可能，一个字通常可以分析出很多种不同的意义来。我们需要将据字形分析出来的意义放在文献当中验证，一方面，验证这个意义放在待解释的文句当中是否解释得通；另一方面，查看这个意义是否在其他文献当中出现过，是否属于孤证。这样才是以形索义的训诂方法的正确操作。归结起来，以形索义的训诂方法主要分两个步骤：第一，考索古文字形，第二，核证文献。

在考索古文字字形的时候，有一本重要的参考古籍，那就是东汉许慎的《说文解字》（以下简称《说文》）。《说文》以小篆为主要分析对象，参考孔子壁中书中的古文，对9353个汉字进行了本义分析与字形构造分解，这9353个汉字当中包含1163个重文（异体字），对文字的整理与规范也做出了贡献。《说文》最好的版本应是北宋徐铉的校定本，一般称"大徐本"[①]。《说文》原文语言极简，说解文字本义往往只有寥寥数语，加之书证不足，因而我们利用《说文》就不得不与另一部书结合起来，那就是清代段玉裁的《说文解字注》（以下简称段注）。段玉裁按古音十七部[②]将《说文》当中的9353个汉字进行了重新归类，全引《说文》原文，并对许慎言之未详、言之有误之处进行了补充与修正，是我们利用《说文》的重要参考。下面结合具体文献，说明以形索义的训诂方法的具体操作过程。

常见的古代汉语教材皆选用的一篇古文就是出自《左传·隐公元年》的《郑伯克段于鄢》，其中的"克"字，一般教师都会依照《说文》将其释为"肩"，并由肩膀有承重这一词义推断出该字有"能"的引申义，再由"能"进一步引申为"攻克"或"杀"的意思。词义引申的脉络非常清晰，不难推断。关键是"克"的本义为"肩"在文献当中找不到用例，如何证明"克"的本义为"肩"呢？证据就在甲骨文当中，甲文中有用"克"表示其他动物的肩膀之义的例子。国际中文教师如果不懂古文字学，不会利用古文字，尤其是甲骨文、金文字的资料，就无法讲清楚这个问题。

另外，《说文》在汉到唐的传抄过程当中受到后期字形的影响，北宋的徐铉虽然做了大量的修订工作，使《说文》接近原貌，但毕竟许慎所在的时代甲骨文尚未发现，许慎对字词本义的说解也不是每一个都准确无误。所以，在使用《说文》的时候，一定要注意运用出土文献与金石材料

[①] 其弟南唐徐锴著有《说文解字系传》，世称徐锴为"小徐"。
[②] 这里指上古（先秦）的韵部，韵部只包含韵腹、韵尾两个韵素。段玉裁分上古韵部为十七部，黄侃分为二十八部，王力最初将黄侃的二十八部中的"灰"部分为"脂""微"二部，后来又从"侵"部分出"冬"部，遂成三十部。关于上古韵部，详见本章第三节"因声求义的训诂方法"。

对其进行补充。例如《说文》："望，出亡在外，望其还也。从亡，朢省声。"许慎将"望"的本义解释为"盼望"，这就是将后起义作为本义了。这是不明"望"字的古文字形造成的错误。我们来看一下"望"字的古文字字形：⿱上面是一个人睁大了眼睛，表示站在土堆上向远方看。⿱增加了一个"月"形，做企足举目望月之状，表示所望很远。⿱把下面的人身和"土"连成一体成为"壬"（tǐng）字。

今"望"字下半部分"壬"讹变成"王"，也就是现在通行的从朢省、亡声的"望"字。从"望"的古文字字形来看，"望"本义为"远望"。这一本义也可以从文献当中找到例证，如《左传·庄公十年》："吾视其辙乱，望其旗靡。"此处的"望"正是"远望"之义，曹刿观望敌军车辙混乱，战旗倒下，不可能是从近处看，应是从远处看。国际中文教师在解释这一段课文的时候，如果能将金文的字形罗列出来，并对其字形进行溯源分析，定能有理有据，使学生心服口服。

第三节　因声求义的训诂方法

通常认为汉字是表意文字，汉字的表音性较弱。实际上，一种成熟的文字必定是形、音、义兼备的，汉字如果表音性弱，就无法在几千年的发展当中留存下来，成为汉语的记录符号。我们现在虽然有汉语拼音这样一种方便的记音符号，但是传统的音韵学对汉语语音的研究成果依然不可忽视。音韵学在训诂上的运用集中体现为因声求义的训诂方法，这是传统语言文字学解释词义的一种重要方法。要了解因声求义的训诂方法，我们必须对传统语言文字学的另一个学科门类音韵学有所了解。国际中文教师需要掌握的音韵学知识主要有以下这些：中国古代的注音方法、反切的基本知识、双声叠韵的基本知识、传统音韵学对汉语语音的历史分期、上古音系、中古音系、近现代音系、由中古音上推上古音的几条规律、中古音演变为近现代音的几条规律。只有掌握了这些知识，才能正确分析古代汉语的通假字、汉字声旁的表音性偏差、汉语联绵词等汉语教学当中的实际问题，也才能更好地分析古文，教好高级汉语当中的古代汉语。下面将分类介绍这些知识。

在汉语拼音出现以前，中国古代常用的注音方法有譬况法、读若法、直音法、反切法。譬况法就是用譬喻或描述的方法，说明被注字的发音方法、发音部位。例如《释名·释天》："天，豫、司、冀以舌腹言之，天，显也；青、徐以舌言之，天，坦也。"这种打比方的注音法显然不科学、不准确。因此就会有第二种方法：读若法。读若法就是用一个音近的字来注音，"读若"从字面意思上来说就是"读起来像"。例如《说文·宀部》："宋，居也，从宀木，读若送。"这两种注音方法的缺陷正如颜之推在《颜氏家训·音辞篇》里说的那样："郑玄注《六经》，高诱解《吕览》《淮南》，许慎造《说文》，刘熙制《释名》，始有譬况假借以证音字，而古语与今殊别，其间轻重清浊，犹未可晓。加以外言、内言、急言、徐言、读若之类，益使人疑。"

譬况法语焉不详，读若法的问题也更大。语音因时地不同而发生改变，在一个时段内这两个字音近，再过十年八年，未必音近；在一个地域内这两个字音近，换一个地域，未必音近。

跟读若法相类的另一种注音方法就是直音法。直音法就是直接用一个同音字注音，如《尔雅·释言》："填，田。"《汉书·高帝纪》："单父人吕公善沛令。"注引孟康曰："单，音善，父音甫。"这种方法的缺陷也是显而易见的：第一，并不是每个字都有同音字；第二，与读若法相类，直音法也受到语音的时地差别的限制。

因此，反切法应运而生。反切法一直是古书注音的主流，汉以后的韵书、辞书、字书几乎无一不用反切。据说，是汉末的孙炎发明了反切法。反切是在汉语本身的发展与佛教、梵文的传入的相互作用下产生的。国际中文教师要教授外国留学生古代汉语，必须要阅读古籍原典，古籍中大量的反切注音将会是一个巨大的障碍。下面详细介绍反切法的原理及其操作。

反切的原理是用两个汉字来给一个汉字注音。前一个字称为反切上字，后一个字称为反切下字。反切上字表示被切字的声纽（相当于现代汉语的声母），反切下字表示被切字的韵母与声调（韵母只包含韵腹与韵尾，

不包含韵头)。由于古今语音的不同,我们在阅读古籍当中的反切资料时,要同时考虑古今音演变的规律。先来看反切的例子:

同,徒红切。都,当孤切。雱,普方切。

以"同"为例,取"徒"的声母 [t],取"红"的韵母与声调 [ong^{35}],得到"同"的读音 [tong^{35}],其余的皆可依此类推。这种反切叫"音和切",即能直接拼读出被切字读音的反切,还有一种叫"音隔切",即不能直接拼读出被切字读音的反切,这是由于汉语语音的历史演变造成的。例如:东,德红切。依现代汉语普通话,德红切是切不出 [dong^{55}] 的音的,这里涉及古今音演变的一条规律"平分阴阳",即中古汉语的平声只有一类,现代汉语的平声有两类:阴平与阳平。"平分阴阳"指的是中古汉语的清声母的平声字在现代汉语当中读阴平,浊声母的平声字在现代汉语当读阳平。德,在中古属端母,全清声母,故而德红切可以切出"东"的读音。

双声叠韵本是古人分析联绵词的一个术语。"双声"指组成联绵词的两个字声母相同,"叠韵"指组成联绵词的两个字韵母相同。要注意的是,联绵词的双声叠韵要求并不严格。只要声母相近,不必全同,亦可视作双声。叠韵只要韵腹相同或相近,韵尾相同就可以,不必全同。双声联绵词有交界、干戈等,叠韵联绵词有菡萏、徘徊、彷徨、缠绵等,双声叠韵联绵词有艳阳、匍匐①、安稳、辗转等。

反切受到双声叠韵的启发,反切上字与被切字就是双声的关系,反切下字与被切字是叠韵的关系。只是反切的双声叠韵比联绵词的双声叠韵要求更高。反切上字必须与被切字的声纽(即声母)相同,反切下字必须与被切字的韵相同(即韵腹、韵尾、声调相同)。

传统音韵学将汉语语音史分为三个时期:上古、中古、近现代。上古音指先秦两汉的语音体系,中古音主要是汉魏六朝到唐宋时期的语音体系,近现代音指元明清至现代。传统音韵学将声母称为声纽。上古有 32 声纽、30 韵部,中古有 36 声纽、206 韵(大概 147 个韵母),近现代一直是 22 个声母(含零声母),39 个韵母。声调从上古到近现代一直是四个,

---

① 匍匐在上古声母相同,因为"古无轻唇音",这一点将在下文论及。

上古是长平、短平、长入、短入，中古是平、上、去、入，现代是阴平、阳平、上声、去声。下面分阶段论述汉语语音系统概况。

  研究上古声母的资料主要是通假异文、古书读音、声训、古反切以及形声字的声旁。通假异文指一个词在不同典籍里的不同写法，例如《诗经·邶风·谷风》："凡民有丧，匍匐救之。""匍匐"，《礼记·檀公下》引作"扶服"，《孔子家语》引作"扶伏"。由此可推知上古"匍"与"扶"同音。古书读音是指汉代人给先秦古书所注的音，主要是一些"读若""读为"等注音。例如"豳"读如"纷"，"直"读如"特"，据此可推知"豳"与"纷"同音，"直"与"特"同音。声训又叫"音训"，是以音同或音近的字去训释另一个字的意义。东汉刘熙的《释名》就是一部声训专书，《诗经·大雅·皇考》："陟我高冈。"笺："陟，登也"，"法，逼也"，"邦，封也"，"男，任也"。可知被训字与训释字声母是相同的。一般来说，同谐声的字，古音应该是相同或相近的。造字时，形声字的读音与声旁的读音相同或相近。例如，从"方"得声的字有"芳、仿、防、妨、访、旁"，从"非"得声的有"辈""排"。这里的反切主要指六朝以后的类隔切，《经典释文》和《广韵》里都有不少。此外，还可以利用各地的汉语方言等。由于各地方言的历史发展不同，有的保留了上古读音，因此就可利用它来帮助研究上古声母。

  实际上，我们是先总结了中古的声母系统，然后再由中古的声母系统反推上古声母。关于上古声母有这样几条客观规律：古无轻唇音，古无舌上音，娘日归泥，照二归精，照三归端，喻三归匣，喻四归定。古无轻唇音指上古没有轻唇音"非敷奉微"，中古的"非敷奉微"在上古归"帮滂并明"。古无舌上音指上古没有舌上音"知彻澄"，中古的"知彻澄"在上古归"端透定"。娘日归泥指中古的娘纽和日纽在上古归泥纽。照二归精指中古的照组二等字，"庄初崇生"（王力后来加了个"俟"）在上古归精组，即"精清从心邪"。照三归端指中古的照组三等字"章昌船书禅"在上古归端组，即"端透定"。中古的喻三归匣指中古的喻纽三等字在上古归匣纽。喻四归定指中古的喻纽四等字在上古归定纽。这些说法来自不同的古音学家，在此不一一赘述。近代国学大师黄侃不考虑音变条件，将上古声纽归为十七部。王力考虑音变条件，只同意"古无轻唇音""古无舌上音""喻三归匣"三种规律，后来又同意娘归泥说，至于日纽与泥纽、照二组与精组、照三组与端组在上古只是音近并非全同。因此，可得上古音三十二声母表，将其与国际音标拟音结合，罗列如下（见表3-1）：

表3-1　上古三十二声母（王力）

发音部位		发音方法					
		全清（不送气清塞音和塞擦音）	次清（送气清塞音和塞擦音）	全浊（浊塞音和塞擦音）	次浊（浊鼻音、边音和半元音）	清（不送气清擦音）	浊（浊擦音）
唇音		帮（非）[p]	滂（敷）[pʻ]	並（奉）[b]	明（微）[m]		
舌音	舌头	端（知）[t]	透（彻）[tʻ]	定（澄）[d]　喻四[dʻ]	泥（娘）[n]		
	舌上	章（照三）[ʨ]	昌（穿三）[ʨʻ]	船（床三）[ʥ]	日[nʑ]	书（审三）[ɕ]	禅[ʑ]
齿音		精[ts]	清[tsʻ]	从[dz]		心[s]	邪[z]
		庄（照二）[tʃ]	初（穿二）[tʃʻ]	崇（床二）[dʒ]		生（审二）[ʃ]	
牙音		见[k]	溪[kʻ]	群[g]	疑[ŋ]		
喉音		影[Ø]				晓[x]	匣（喻三）[j]
半舌音					来[l]		
半齿音							

关于上古韵母，研究资料与上古声母基本一致，只是多了一个韵文材料。实际上，我们主要是根据《诗经》《楚辞》的押韵来归纳上古韵部的。之所以叫韵部而不叫韵，是因为上古韵文押韵较宽，只要求韵腹、韵尾相同。因此，对上古韵母只能归纳出韵腹韵尾相同的几类，我们称为韵部。黄侃分古韵为二十八部，王力将黄侃的灰部分为脂部与微部，后来又从侵部分出冬部，得到上古韵三十部，罗列如下（见表3-2）：

表3-2 上古三十韵部

甲类	之 [ə]	支 [e]	鱼 [a]	侯 [ɔ]	宵 [o]	幽 [u]	
	职 [ək]	锡 [ek]	铎 [ak]	屋 [ɔ]	药（沃）[ok]	觉 [uk]	
	蒸 [əŋ]	耕 [eŋ]	阳 [aŋ]	东 [ɔŋ]		冬 [uŋ]	
乙类	微 [əi]	脂 [ei]	歌 [ai]				
	物 [ət]	质 [et]	月 [at]				
	文 [ən]	真 [en]	元 [an]				
丙类	缉 [əp]		盍（叶）[ap]				
	侵 [əm]		谈 [am]				

至于上古声调，王力综合各家观点，认为古无上声，只有长平、短平、长入、短入四类，后来，长平变成上声，长入变成去声，这才构成了中古"平、上、去、入"四声的格局。

至于中古的语音系统，主要是根据《切韵》系韵书，尤其是完整保留《切韵》音系的《广韵》得出的结论。总结《广韵》的反切上字，得到35个字母，大致相当于中古的35个声母，罗列如下（见表3-3）:

表3-3 《广韵》三十五字母

发音部位		发音方法					
		全清（不送气清塞音和塞擦音）	次清（送气清塞音和塞擦音）	全浊（浊塞音和塞擦音）	次浊（浊鼻音、边音和半元音）	清（不送气清擦音）	浊（浊擦音）
唇音		帮（非）[p]	滂（敷）[p']	并（奉）[b]	明（微）[m]		
舌音	舌头	端 [t]	透 [t']	定 [d]	泥（娘）[n]		
	舌上	知 [ȶ]	彻 [ȶ']	澄 [ȡ]			

续表3-3

发音部位		发音方法					
		全清（不送气清塞音和塞擦音）	次清（送气清塞音和塞擦音）	全浊（浊塞音和塞擦音）	次浊（浊鼻音、边音和半元音）	清（不送气清擦音）	浊（浊擦音）
齿音	齿头	精 [ts]	清 [ts']	从 [dz]		心 [s]	邪 [z]
		庄 [tʃ]	初 [tʃ']	崇 [dʒ]		生 [ʃ]	
		章 [tɕ]	昌 [tɕ']	船 [dʑ]		书 [ɕ]	禅 [ʑ]
牙音		见 [k]	溪 [k']	群 [g]	疑 [ŋ]		
喉音		影 [Ø]			喻（喻四）[j]	晓 [x]	匣（喻三）[ɣ]
半舌音					来 [l]		
半齿音					日 [nʑ]		

这三十五字母大致反映了隋唐时期的声母系统。到了宋末，声母系统有所变化，三十五字母变成了三十六字母（见表3-4）：

表3-4 中古（唐宋）三十六字母

发音部位			发音方法					
			全清（不送气清塞音和塞擦音）	次清（送气清塞音和塞擦音）	全浊（浊塞音和塞擦音）	次浊（浊鼻音、边音和半元音）	清（不送气清擦音）	浊（浊擦音）
唇音	重唇	双唇音	帮 [p]	滂 [p']	并 [b]	明 [m]		
	轻唇	唇齿音	非 [f]	敷 [f']	奉 [v]	微 [m̥]		
舌音	舌头	舌尖中音	端 [t]	透 [t']	定 [d]	泥 [n]		
	舌上	舌面前音	知 [ṯ]	彻 [ṯ']	澄 [ḏ]	娘 [n̠]		
齿音	齿头	舌尖前音	精 [ts]	清 [ts']	从 [dz]		心 [s]	邪 [z]
	正齿	舌面前音	照 [tɕ]	穿 [tɕ']	床 [dʑ]		审 [ɕ]	禅 [ʑ]
牙音		舌根音	见 [k]	溪 [k']	群 [g]	疑 [ŋ]		

续表3-4

发音部位		发音方法					
		全清（不送气清塞音和塞擦音）	次清（送气清塞音和塞擦音）	全浊（浊塞音和塞擦音）	次浊（浊鼻音、边音和半元音）	清（不送气清擦音）	浊（浊擦音）
喉音	零声母	影 [∅]					
	舌根音					晓 [x]	匣 [ɣ]
	半元音				喻 [j]		
半舌音	舌尖边音				来 [l]		
半齿音	舌面鼻音加摩擦				日 [nʑ]		

可以看到，至宋末，"庄初崇生"与"章昌船书禅"已合流为"照穿床审禅"，娘纽已从泥纽中分出，"知彻澄"也已从"端透定"中分出，"非敷奉微"也已从"帮滂并明"中分出。36字母表反映的是唐至宋末的声母系统。

至于中古的韵母，情况要复杂得多，依《广韵》，中古有206韵，这206韵是（见表3-5）：

表3-5 中古韵母（206韵）[①]

上平声	上声	去声	入声
一东	一董	一送	一屋
二冬	二肿	二宋	二沃
三钟	三讲	三用	三烛
四江	四纸	四绛	四觉
五支	五旨	五寘	五质
六脂	六止	六至	六术
七之	七尾	七志	七栉
八微	八语	八未	八物
九鱼	九麌	九御	

[①] 参见唐作藩：《音韵学教程》（第三版），北京大学出版社，2002年版，第144~153页。为方便读者，本书进行了改写，该表中同行的韵的主要元音相同。

续表3-5

上平声	上声	去声	入声
十虞	十姥	十遇	
十一模	十一荠	十一暮	
十二齐	十二蟹	十二霁	
十三佳	十三骇		
		十三祭	
		十四泰	
十四皆	十四贿		
十五灰	十五海	十五卦	
十六咍	十六䅗	十六怪	
十七真	十七准		
		十七夬	
十八谆	十八吻	十八队	
十九臻	十九隐	十九代	
二十文	二十阮		
		二十废	
二十一欣		二十一震	
二十二元		二十二稕	
二十三魂	二十一混	二十三问	
二十四痕	二十二很	二十四焮	九迄
二十五寒	二十三旱	二十五愿	十月
二十六桓	二十四缓	二十六恩	十一没
二十七删	二十五潸	二十七恨	
二十八山	二十六产	二十八翰	十二曷
下平声	上声	去声	入声
一先	二十七铣	二十九换	十三末
		三十谏	十四黠
		三十一裥	十五辖
		三十二霰	十六屑
二仙	二十八狝	三十三线	十七薛

续表 3-5

上平声	上声	去声	入声
三萧	二十九筱	三十四啸	
四宵	三十小	三十五笑	
五肴	三十一巧	三十六效	
六豪	三十二晧	三十七号	
上平声	上声	去声	入声
七歌	三十三哿	三十八箇	
八戈	三十四果	三十九过	
九麻	三十五马	四十祃	
十阳	三十六养	四十一漾	十八药
十一唐	三十七荡	四十二宕	十九铎
十二庚	三十八梗	四十三映	二十陌
十三耕	三十九耿	四十四诤	二十一麦
十四清	四十静	四十五劲	二十二昔
十五青	四十一迥	四十六径	二十三锡
十六蒸	四十二拯	四十七证	二十四职
十七登	四十三等	四十八嶝	二十五德
十八尤	四十四有	四十九宥	
十九侯	四十五厚	五十候	
二十幽	四十六黝	五十一幼	
二十一侵	四十七寝	五十二沁	二十六缉
二十二覃	四十八感	五十三勘	二十七合
二十三谈	四十九敢	五十四阚	二十八盍
二十四盐	五十琰	五十五艳	二十九叶
二十五添	五十一忝	五十六㮇	三十帖
二十六咸	五十二豏	五十七陷	三十一洽
二十七衔	五十三槛	五十八鉴	三十二狎
二十八严	五十四俨	五十九酽	三十三叶
二十九凡	五十五范	六十梵	三十四乏

由于《广韵》是为了方便诗人作诗押韵而设的，唐诗用韵要求韵腹、

韵尾、声调相同，所以，这 206 韵中是将中古韵腹、韵尾和声调相同的字归纳为 206 个，并非指中古的韵就有 206 个，根据古音学家的研究，中古韵母应该有 142 个。①

中古的声调，《广韵》已经说得很清楚，就是"平、上、去、入"四个调类。其中，入声既是调的问题，也是韵的问题。

宋元以后，北方的语音系统与当代普通话已经没有太大差异。普通话共有 22 个声母（含零声母）、39 个韵母、4 个声调。国际中文教师需要掌握的是中古到近现代声母、声调的演变规律。至于韵母是如何由中古的 95 个韵母变为现代的 39 个韵母的，属于专业研究的领域，就不需要国际中文教师掌握了。

中古到近现代声母的演变规律大致如下：第一，全浊声母清化，遵循平送仄不送的规律。第二，卷舌声母产生，知、照组合流，变成现代汉语的 zh、ch、sh。第三，零声母产生，影疑喻合流为零声母。第四，精、见组分化，精清从心邪遇开合二呼读 z、c、s，遇齐撮二呼读 j、q、x；见溪群晓匣遇开合二呼读 g、k、h，遇齐撮二呼读 j、q、x。

中古到近现代声调的演变规律有三条：平分阴阳、浊上变去、入派三声。平分阴阳是指中古的平声到近现代分为阴平和阳平两类，具体的演变规律是中古的清声母的平声字（含全清和次清）在近现代读阴平，浊声母（含全浊和次浊）的平声字在近现代读阳平。浊上变去指的是中古的全浊声母②的上声字在近现代读为去声。入派三声③是指中古的入声韵脱落掉塞音韵尾，归入平、上、去三声。

古代汉语《烛之武退秦师》一课中，"若舍郑以为东道主，行李之往来，供其乏困，君亦无所害"。其中的"行李"就是"行吏"，"李"通"吏"。为什么能通假，需要用古音学知识来解释。上古"李"与"吏"同为来母之部字（王力系统）④，是完全同音的，可知该两字符合通假条件。

---

① 唐作藩：《音韵学教程》（第三版），北京大学出版社，2002 年版，第 133 页。
② 即《三十六字母表》中的並、奉、定、澄、从、床、群、邪、匣几个字母。
③ 从中古的角度来说是三声，从近现代的角度来说是四声，因为近现代声调中平声又分为阴平与阳平。
④ 黄侃系统则为来母咍部字。

至于每个字在古音系统里的归属，可以通过"汉典网"查知，或是从唐作藩《音韵学教程》、王力《古代汉语》、唐作藩《上古音手册》、郭锡良《汉字古音手册》当中查知。如果没有上述古音学知识，也就谈不上对这些工具书及网络资源的利用。

按理说，形声字的声旁应该与该字的读音相同，至少相近。然而，由于语音的发展，很多形声字的声旁的现代读音已经与该字不一致了。这就需要国际中文教师掌握古今音演变的知识，对这种现象作出解释。例如，从"者"得声的字有"堵、赌、都、箸、著、猪"，前三字现代汉语普通话声母皆为 d，后三字现代汉语普通话声母皆为 zh，这与"古无舌上音"的规律有关。同样的情况还有从"寺"得声的字，既有声母为 d、t 的"等、特"，也有声母为 sh 的"侍、诗"。又如，"蛇"以"它"为声旁，现代汉语普通话当中的"它"与"蛇"读音相差甚远，让人难以理解为什么"它"可以做"蛇"的声旁。其实，在中古音中，"它"是透母歌韵字，"蛇"是书母歌韵字，两字的韵母完全相同。透属于端组，书属于章组（照三），按照"照三归端"的规律，这两字在上古是完全同音的。

古代汉语当中有一类特别的单纯词，称为联绵词。联绵词有双声叠韵的特点，这里的双声叠韵指的是古音，尤其是上古音的双声叠韵。如：

窈窕：一为影母幽部，一为定母宵部，宵幽旁转，叠韵。

参差：一为心母侵部，一为初母歌部，初属照二，心属精组，依照二归精的规律，两者声母相近，双声。

徘徊：一为并母微部字，一为匣母微部，叠韵。

彷徨：一为滂母阳部，一为匣母阳部，叠韵。

艳阳：一为影母谈部，一为以母阳部，以即喻四，声母不同，谈、阳可通转，叠韵。

安稳：一为影母元部，一为云母文部。云即喻三，归匣纽，声母不同，文、元可旁转，叠韵。

辗转：同为端母元部，双声叠韵。

如果没有古音学及古今音演变知识，是很难将这些现象解释清楚的。

第四节　比较互证的训诂方法

所谓比较互证的训诂方法，是指运用词义本身的内在规律，通过词与词之间意义的关系和多义词诸义项的关系对比，较其异，证其同，达到探求和判定词义的目的，这种训诂方法可以称作"比较互证"。[①]

一、词义引申

要运用比较互证的训诂方法，首先要掌握词义引申的规律。关于词义引申的规律，《训诂学原理》《训诂方法论》里都有论述，简单介绍如下。

词义的引申是指："词义从一点出发，沿着本义的特点所决定的方向，按照各民族的习惯，不断产生相关的新义或派生同源的新词，从而构成有系统的义列。"[②] 词义引申的出发点是"词的本义"，它决定着词义引申的方向。词义引申受到民族思维习惯的制约，词义引申的结果有两个：产生相关的新义，即多义词的各个义项；产生同源的新词。王宁还论述了什么叫词的本义，将词的本义与原始造字意图区分开来。总结其观点，词的本义指与词所代表的字形相贴切的词的一个义项，并且这个义项是在文献当中使用过的，也就是王宁所说的"实义"。

举个例子来说，"过"的本义是经过，这个意义是与其字形相贴切的，"过"从辵，与行走有关。"过"的"经过"义在文献中有诸多证明，如"孔子过泰山侧"。"过"由"经过"义引申出"过错"义，是符合汉民族的思维习惯的，中国人守中庸之道，所以孔子说"过犹不及"。"过错"义是"过"的引申义项，该词的词义引申结果是产生了一个新的义项，则"过"成为多义词。派生同源新词的例子如："孔"有中空的特点，故而派生出同源新词"空"；"秉"的本义是以手持禾，表示"秉持"，持的对象是把柄，故而派生出同源新词"柄"。

[①] 陆宗达、王宁：《训诂方法论》，中国社会科学出版社，1983年版，第131页。
[②] 王宁：《训诂学原理》，中国国际广播出版社，1996年版，第54页。

词义的引申受到民族思维的影响，我们可以从颜色词的引申义看出这种影响。例如：黄色在汉语中有"色情"之义，但在英文中没有这个引申义，反倒有"说明书"的引申义。青色在汉语中有"美好"之义，如把最好的年华称为"青春"，把最好的头发称为"青丝"，把绝美的天空称为"青天"，并用来比喻清正廉明的官员。而青色在英文中并无此含义，倒是有"肮脏"的意义，如把很脏的水称为"green water"。

词义引申的规律有三条：理性的引申、状所的引申、礼俗的引申。

词义的理性引申指相关的两个义项意义关系合乎逻辑，合乎理性。理性的引申又包括同向的引申和反向的引申两种。同向的引申包括时空的引申、因果的引申、动静的引申三种。时空的引申指时间和空间的概念可同名或共源，如"间"由"间隙"引申出"时间短（有间）"之义。因果的引申指表示原因和表示结果的概念可同名或共源，如"厌"本义为"饱"，因"饱"而"满足"，因"满足"而"讨厌"。动静的引申指动态的概念与静态的概念可同名或共源，如"鱼"是名词，引申出"捕鱼的劳动"之义，并产生同源派生词"渔"。反向的引申包括施受的引申和正反的引申两类。施受的引申指表示施予和接受的概念可同名或共源，如"受"同时有"享受"和"享献"两方面的含义。正反的引申指意义相反的概念可同名或共源，如"乱"同时兼有"治理"与"紊乱"两种意思。

相较于理性的引申，词义引申当中更多的是状所的引申。状所的引申是基于感性思维的一种引申，与中华民族的诗性思维有关，其可分为同状的引申和同所的引申两种。同状的引申指具有相同性状的概念可同名或共源，如"题"本义为额，因与文章之标题同状（同位于最上最前），故又可命名文章之题。同所的引申指位于同一事物上的各性状或性状与其所属的事物之间可同名或共源，如"次"本义为帐篷，帐篷与正式的建筑相比，有"差次"的特点，帐篷用于驻扎，故又引申出"停驻"之义，又如"孔"由"空"派生。

礼俗的引申指的是由于中华民族的礼仪与文化传统引起的词义引申。如"禄"是"鹿"的派生词，是因为鹿皮是周天子给予各诸侯的纳聘之礼，故而引申出"帝王付给臣工的薪酬"之义，并产生了派生词"禄"。

二、比较互证的训诂方法

关于比较互证的训诂方法的具体运用，宋永培曾有论述："训诂学的比较互证方法，是指从具体的研究目标出发，设定研究对象的范围，对一篇文章、一本书或几部书中的语言文字材料作出全面的有系统的研究，较同辨异，彼此证发，以便清理与把握这些材料的内部条理。"[①] 宋永培先生是比较互证的训诂方法的实际践行者，著有《〈说文〉汉字体系与中国上古史》，通过梳理《说文》中与高原陵阜及河流山川相关的字，阐释它们的词义引申关系、同源派生关系，并从中发掘了尧遭洪水，尧带领先民由水登山、降丘宅土，开创高原农业文明的历史。运用比较互证法有意识地分析古代汉语字词，解释古文词义，分析其实义与词源义、造字意图之间的关系，在当今国际汉语教育形势下是十分必要的。

运用比较互证的训诂方法，要注意以下几点[②]：

（一）要从词义本身的内在规律来观照词义的训释

这一点要求我们掌握词义的引申规律，并有意识地用词义引申规律来分析词义的引申，处理词的本义与文献用义的关系。《庄子·逍遥游》"怒而飞，其翼若垂天之云"中的"怒"当然不是"通努"，前文已述。那么，怎么解释本义为"发怒"之"怒"有"奋力"之义呢？这就可以从词义引申的角度来解释，依词义的因果引申的规律，因"发怒"而有"奋力"的举动实属合理，就如同当今有一个网络词叫"怒赞"，其中之"怒"正是"奋力"之义，包括形容花儿的盛放为"怒放"，也是由于词义的引申。因"发怒"而"奋力"，而因"奋力"则会有"繁盛"的状态，都是因果的引申。

（二）要以实际的语言材料来证实所求词义

词义的引申规律属于合理推测的范畴，说明的是词在贮存状态下有可

---

① 宋永培：《说文汉字体系与中国上古史》，广西教育出版社，1996年版，第183页。
② 刘兴均：《训诂学原理方法与实践》，上海交通大学出版社，2019年版，第98～106页。

能产生的义项,而该词义是否真实存在,即是否为王宁先生所说的"实义"还有待文献的核验。例如我们从古文字字形当中分析出"克"有"肩"义,并根据词义引申的规律推测出其有"能"(同状的引申)、"克服"(因果的引申)、"攻克"(因果的引申)之义,但是每一步的推断必须有文献的证明,"克"有"能"义,可以从成语"克勤克俭"看得出来。其"克服""攻克"等义,在文献当中的用例更是不胜枚举,如《左传·隐公元年》"郑伯克段于鄢",《国语·晋语一》"克国得妃,其有吉孰大焉!"然而,其"肩"这一本义尚未有文献证明,还有待考证。

(三)要注意特定范围的语言材料上下文的联系

这一点尤其强调语境的重要性。《论语·学而》:"学而不思则罔,思而不学则殆。"大多数教材都把这段话翻译为"学习却不思考那么就会心中迷惘,思考而不学习那么就会危险"。这里是按本义来解释"殆"字的。《说文·歺部》:"殆,危也。"段注:"危者,在高而惧也。""殆"的本义确实是"危险",但是此处的"殆"解释为"危险"并不妥。笔者认为,此处的"殆"应通"怠",取"怠"的引申义"停滞"。① 考察《论语》一书,孔子不止一次说到学与思的关系。还有一句话是"吾尝终而思矣,无益,不如学也","无益"就是没有进步,同理,"思而不学则殆"也是"光思考不学习是没有进步"的意思。因此有时候解释一个词不能只看一句话本身,而是要联系整部书的用例,综合分析后才能得出正确的结论。

(四)要注重词的本义及其多个引申义之间的内在联系

本义与引申义的联系可以依照引申规律把词的引申序列组合起来。例如"理"的词义引申序列如下:

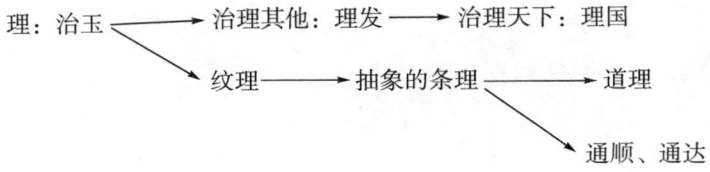

---

① 《说文·心部》:"怠,慢也。从心台声。""怠"本义"怠慢",因为有怠慢之心,故而行为停滞不前,属于因果的引申。

其中，由"治玉"引申出"治理其他"属于同状的引申，由"治玉"引申出"纹理"之义属于动静的引申。由"治理其他"引申出"治理天下"属于同状的引申。由"纹理"引申出"抽象的条理"，又进一步引申出"道理"，亦属于同状的引申。可以看出"理"的引申义越来越抽象。由"抽象的条理"引申出"通顺、通达"之义，属于动静的引申。"理"在词典当中的义项都可以用引申的规律将其系联起来，构成一个意义的序列，合乎事理，合乎逻辑，如此讲授汉语词义，更有条理性、系统性，更易于使成年学生接受并记忆。

综上，比较互证的训诂方法着眼于汉语字词的意义体系，是从词义运动发展的角度去观照文本词义解释的，在汉语词义教学当中具有不可低估的地位，值得每一位国际中文教师花时间、花精力去掌握。

第四章
国际中文教师训诂学素养的实际运用

第四章　国际中文教师训诂学素养的实际运用

第一节　国际中文教学的中文工具书的使用

中文工具书是指专为查考字形、字音、字义、词义、字句出处和各种事实而编纂的书籍,如字典、词典、索引、历史年鉴、百科全书等。① 随着中国综合国力的提高,全球掀起了汉语热浪潮,来华学习的留学生与日俱增,因此对汉语学习的需求也大大增加,工具书作为汉语学习过程中不可或缺的辅助工具,为学习者在汉语字、词的读音、释义、搭配、成句和词性等各方面的学习提供了很大的便利和帮助。因此使用工具书辅助汉语教学是十分必要的。

根据词典服务对象的不同,可将词典分为内向型词典和外向型词典。内向型词典专门服务于母语学习者,外向型词典主要是外语学习者使用。无论是内向型词典还是外向型词典,都是国际中文教育十分重要的辅助工具书。对语言学习者来说,选择一部好的词典跟选择好的教材一样重要。

从事对外汉语教学的教师所使用的工具书有以下几种:

一、《1700对近义词语用法对比》

杨寄洲、贾永芬编著,北京语言大学出版社2005年出版。这是一部通俗的汉语学习参考书,既适用于学习汉语或用汉语工作的各国朋友和海外华人华侨朋友,也可供从事对外汉语教学的各国教师参考。该书的作者

---

① 王国安、要英:《汉语国际推广与中国文化》,学林出版社,2008年版,第189页。

凭借几十年从事对外汉语教学和研究的经验，根据外国人和海外华人华侨学习汉语的实际需要，选取 1700 对常用词语，将这些词语成对组配，其中大部分是同义词或近义词，有些是关系密切的词或词语结构，都是各国汉语学习者在使用中容易出错的，对这些词从语义、语用诸方面进行了分析对比。书的编写参照国家对外汉语教学领导小组办公室汉语水平考试中心编的《汉语水平词汇与汉字等级大纲》，使所选词条基本限制在该词汇大纲规定的范围之内。

二、《商务馆学汉语字典》

共收录 2000 个最常用的单字条目，以及由此扩展的 20000 多个多字条目，并用 HSK1－4 级标明汉语水平考试所要求掌握的 8000 个常用词的等级。大部分词都配有生动活泼、内容丰富的例句，地道准确的英文释义。此外，丰富的量词搭配和扩展词亦有助于学习者快速、准确地掌握汉语。这是掌握 HSK 汉语水平考试词汇量的一本较好的工具书。

三、《商务馆学汉语词典》

该书收录了汉语学习所需要的词汇，收单字 2400 多个，词条约 10000 个，主要供具有中级以上汉语水平的外国人学汉语使用，初学者也可参考。该书具有六个主要特点：一是释义、举例、说明的用字用词都在所收词条中，做到了简明、浅显、易懂。二是词条按语素的义项排列，比较容易区分一个词的字属于哪个义项。同时注重区分词的本义和比喻义，词语释义所用例句丰富，力求贴近学生的生活，体现出语境和搭配功能。三是书中收录的短语词的结构主要涉及动宾式（离合词）、动结式、动趋式、动介式，用词汇体现词汇与语法之间的联系，有助于外国人学习。四是正文中单字和词条均有汉语拼音，把 zh、ch、sh 与 z、c、s 区分开来，单独设部，以加快查检的速度。五是检字表中分独体字和合体字，使合体字检字表显得比较整齐、简单，给检字带来了方便。六是注意词语的用法。该书设立了"注意"板块近 800 项，便于学习者了解词语的使用对象、场合、在句中所处的位置、与其他词语的搭配关系、句法功能、文化内涵、语气、感情色彩等。

四、《汉语教与学词典》

《汉语教与学词典》既适用于对外汉语教师，也适用于中级及以上汉语水平的汉语学习者。该词典共收字 3100 余个，词语 3200 余条。其最大的特点是释文限制在一定的词语范围内，易于汉语学习者阅读理解，同时词典中的例子有利于学习者模仿和使用。此外，词典十分注重词语用法和近义词比较，共设有提示 1900 余条，词语比较 740 余组，充分扩展了词典的查考价值和词语使用的指导价值。

五、《全球华语大词典》

由李宇明教授主编的《全球华语大词典》于 2016 年 4 月由商务印书馆出版。词典收词量较大，共收录华语通用词语和特有词语约 90000 条，所收录范围包括中国大陆、中国香港、中国澳门、中国台湾、新加坡、马来西亚、印度尼西亚、菲律宾、泰国、老挝、柬埔寨、缅甸、印度、日本、欧洲和北美等国家和地区。词典同异兼收，注重展示丰富多样的华语词汇，同时描绘了华语在全球范围内的语言生态，以供世界各地华人和华语学习者使用。

六、《汉语量词图解词典》

该词典以常用量词作为收录对象，共选取 210 个常用量词，既列出其常用义项及用法，同时给出英文释义和搭配示例，并辅以英文翻译，或采用图片辅助解释。搭配中涉及名量组合 1481 个、动量组合 108 个，其他形式的组合 11 个。有关时间、货币、度量的量词单列。该词典具有三大特色：一是采用图解，用大量生动鲜活的照片或手绘图帮助学习者学习并理解量词，降低难度；二是学习与考试相结合，所收录的量词、名词、动词均出自《新汉语水平考试（HSK）大纲》；三是检索方法多样化，有中文量词索引、中文名词索引、英文名词索引，以满足不同水平学习者的需求。

七、《商务馆体态语小词典》

《商务馆体态语小词典》是一部专门帮助外国人了解汉语体态语的小型工具书。以外籍汉语学习者及国际中文教师为主要使用对象。全书共收有 400 多个与学习者日常生活交际有关及文学作品中比较常见的汉语体态语。注重对动作的阐释和动词的用法说明，并用例句辅助理解每种用法，便于读者全面理解条目。其中最有特点的是配有 100 余幅手绘漫画，使解说更加生动形象。该词典将 400 多个体态语进行了系统的分类，便于读者从不同角度查找、学习，还附有"音序索引""身体部位分类索引""表意分类索引"。

另外，还有一些词典可以作为辅助参考。如《HSK 汉语水平考试词典》（邵敬敏，2000）、《汉语 8000 词词典》（刘镰力，2000）、《当代汉语学习词典》（徐玉敏，2005）、《汉语图解词典》（魏媛媛，2010）等。

第二节　国际中文语言要素教学

汉语的语言要素包括语音、汉字、语汇、语法四个方面，因此国际中文语言要素教学包括语音教学、汉字教学、词汇教学、语法教学。

一、语音教学

语音是语言的物质外壳，语言通过语音表达语义。在对外汉语教学中，语音教学必不可少。语音跟个人语言的发展能力有着十分密切的关系，最直接的是听说能力。一个人只有发出正确的语音，才能识别语音，听懂别人说的话。对外国人而言，首先要学会正确发音。因此语音教学应该把教会学生发出正确的语音作为首要的教学目标。

国际中文教师应该掌握普通语音学理论、实验语音学的基本理论。现有的语音学研究成果对于语音教学都是具有指导作用的。教师在教学过程中运用语音学理论既可以辨别学生的正误，又可以把语音学所讲的发音知识转化为教学手段，使学生准确方便地掌握语音。

(一)语音教学的原则

进行语音教学时应遵循以下 7 条原则:第一,短期集中教学与长期严格要求相结合;第二,音素教学与语流教学相结合;第三,通过语音对比突出重点和难点;第四,声韵调结合教学,循序渐进;第五,听说结合,先听后说;第六,以模仿和练习为主,语音知识讲解为辅;第七,机械性练习与有意义的练习相结合。

(二)语音教学的方法

1. 声韵母的教学法

(1)描述法

描述发音部位和发音方法,如:u,圆唇音,嘴唇需向前凸。

(2)演示法

通过直观演示让学生体会发音器官及气流的变化。如:送气音 p、t、k 的教学。

(3)体态和实物教学法

例如:用咬指头的方法教卷舌音 r;用咬舌法教 an;借助纸发送气音 p、t、k;借助发音示意图,比较 j、q、x 和 zh、ch、sh 发音唇形和舌位的不同。

(4)对比法

b—p、d—t、an—ang 等对比教学,汉语与学生母语的对比教学。

(5)夸张法

如:发 a 时,张大口形;发长元音 i 时,延长发音。

(6)带音法

借助一个已经学过的发音部位相似的音素,带出需要学习的音素。例如:用易发音的 i 带出比较难发的 ü。

(7)增音法

例如:发后鼻音韵母 ing 时,中间有意识地加入一个过渡音,读成 ieng,有助于区分 in 和 ing。

2. 声调教学法

（1）跟读模仿法

从同一音节的四种声调开始，再进行多音节的组合练习。

（2）夸张法与手势法综合运用

边夸张发出声调，边配合手势表明音高的变化。

（3）板书法

例如：在教"一、不"变调时，可先用板书写下变调规律。

（4）体态和实物教学法

可通过头部动作、手势来演示声调的读法。实物有五度图表，让学生了解汉语声调的高低区别；通过图片展示，把声调的变化形象地展示出来。如：在一声、二声、四声前，三声变调为半三声。

（5）情感体验法

例如：发一声时，像远处传来的呼唤；发二声时，像没听懂别人话时的语气；发三声时，表示答应或同意，带有点头动作；发四声时像生气时的语气。

（6）模仿法

教师正确示范发音，学生模仿。

（7）体态教学法

发 er 音时，用拇指和食指按住鼻孔两侧，体会发音时鼻孔内有轻微的震动。

（8）描述法

例如：发儿化韵时，告诉学生发音的规则。如"小孩儿 xiǎohaír"，发音时去掉 ai 后面的 i，只发 a 加上卷舌动作 r。

3. 语音正音方法

由于外国学生在发音中会出现一些问题，教师应该适时恰当地纠正。语音正音是教学过程中一个十分重要的环节，主要有以下几种方法：

（1）整篇诵读练习法

注重轻重音和语调的练习。

（2）练唱朗读法

朗读歌词，练唱歌曲，加深学生对发音流利度和准确度的把握。

（3）实践法

引导学生在生活中随时随地用汉语进行交际，达到纠音纠调的目的。

（4）话题、会话练习法

利用情景会话训练学生的汉语语音语调。

（5）绕口令练习法

针对重点内容有意识地训练。

（6）诗词诵读练习

读准诗词的节奏和重音，把握语调，重点放在语音练习和语音听辨上。

（7）游戏法

通过操练游戏来使学生熟练掌握汉语发音，增强趣味性。

（8）听写、听辨练习法

送气音与不送气音的对比、鼻音和边音的对比等。

（9）认读法

比如：z、c、s、r、zh、ch、sh采用整体认读的方式。

（10）模仿法

教师做出正确的发音示范，学生跟着模仿。

二、汉字教学

汉字教学是汉语教学的重要组成部分，也是国际中文语言要素教学中比较特殊的部分。汉字被公认为是汉语学习中的难点，这是因为汉字不是拼音文字，是由笔画构成的方块文字，是记录语素的语素文字。在汉语学习中，掌握汉字数量的多少关系到学生汉语水平的高低，也是学好书面汉语的关键。目前北京大学、北京语言大学等高校已经开设了单独的汉字课，并且收到了很好的效果。对外汉语教学理论和实践一直都非常关注正确处理汉字教学与汉语学习的关系问题。针对中高级留学生汉语学习的状况和问题，开设选修的汉字课很有必要，揭示汉字体系内在的系统性是汉字课的首要任务；有计划分层次识字是汉字课的重要内容；识字教学要和词句教学相结合。

（一）汉字教学内容

一般情况下，汉字教学作为综合课的一部分，主要包括见下内容：

1. 大纲规定的内容

《国际中文教育中文水平等级标准》（2021）规定了学习者的中文水平从低到高分为三等，即初等、中等和高等，每等内部又分三级，共"三等九级"。具体数量如下：

初等：一级 300 个，二级 600 个，三级 900 个。

中等：四级 1200 个，五级 1500 个，六级 1800 个。

高等：七一九级 3000 个。

2. 汉字基础知识

（1）汉字的性质和造字方法

汉字是记录汉语的书写符号系统。现在公认的汉字造字法有四种：①象形，如日、月、山、河；②指事，如上、下、本、末；③会意，如看、休、明、北；④形声，如认、江、吃、打。

（2）汉字的结构单位

汉字的结构单位有笔画、部件（偏旁、部首）。笔画是书写汉字的起笔到落笔的单位，是构成汉字字形最小的连笔单位。笔画有基本笔画和复合笔画。复合笔画是两种或两种以上笔画的连接。部件是由笔画构成的可见组配汉字的构字单位。

（3）汉字的笔画连接方式

汉字笔画的连接方式有三种：①相交，如天、九、十、丈；②相离，如二、川、小、三；③相接，如人、上、下、厂、口。

（4）汉字的笔画顺序

汉字书写的笔画顺序有：先横后竖、先撇后捺、先中间后两边、从上到下、从左到右、从外到内。

（二）汉字教学原则

汉字教学应遵循以下几个原则：

1. 数量有定

在与汉字教学大纲相符的情况下,以日常生活中经常使用的汉字为主进行教学,不易过度扩大汉字教学的数量,应遵循数量有定的原则。

2. 与汉字规律相符

汉字是形、音、义有机的统一体,这与世界上绝大多数民族使用的表音文字有很大的不同,在汉语教学中,应按照汉字自身的规律进行教学。

3. 笔画、部件和整字结合教学

在汉字教学中,对笔画进行分解,再按照搭配方式进行组合,可以使学生对汉字的结构框架有更清晰的认识,也能正确认识和准确把握汉字的书写。

4. 先认后写

汉字教学的目的是让学生能够识、读、写,但在实际的教学中,认字比写字更为重要。

5. 循序渐进

汉字的笔画多少不同,结构繁简不一,在进行教学时,应与学生学习汉字的认知规律相符合,做到由简到繁、由易到难。

(三) 汉字教学方法

1. 汉字分解法

汉字分解法是通过分解汉字的构件进行汉字教学的方法。如"胡"可以分解为"古""月"两个部件。运用汉字分解法时要注意不能随意分解汉字,要遵循汉字的系统性。

2. 偏旁部首法

偏旁部首法就是通过分析汉字的结构进行识字教学。形声字的教学最适合使用这种方法。学生学会了偏旁部首后可以更快捷地使用工具书自查。

3. 汉字展示法

汉字展示法是展示汉字的书写步骤的动态过程,使学生更为直观地学习汉字的书写顺序。

4. 汉字描述法

汉字描述法就是通过描述汉字进行教学。例如"河"字可以这样描述：左边的三点是水，右边的可是可乐的可，这样学生就能较为容易地掌握"河"这个字。

5. 字音教学法

利用汉字的读音进行汉字教学就叫字音教学法。汉语中的同音字较多，对外国学生来说是一个难点。学生在学习了一定数量的汉字后，就可以利用形近同音字法来化解同音字带来的问题。

6. 字源法

字源法适用于象形字、指事字、会意字的教学，即利用古文字的象形性特征来辅助汉字的教学。

三、词汇教学

语汇是语言的建筑材料，是语言表达意义概念的重要载体。在对外汉语教学过程中，词汇教学一直受到重视。词汇教学涉及语音、语法、语用、文化、汉字等诸多方面，贯穿对外汉语教学的始终。汉语词汇量较大，使用灵活，意义多变，而词汇的掌握程度直接影响第二语言学习者的学习信心。在汉语教学中，词汇教学的目的是培养学生的识词能力（包括识记汉语词汇的音、形、义，区分语素、词和短语）、辨词能力（辨别同形词、同音词、同义词、多义词的概念、意义、句法功能等）、选词用词能力（正确选用词语遣词造句，完成言语交际）。

（一）词汇教学的原则

汉语词汇的教学要取得良好的效果，应遵循以下四个原则。

1. 保证质量

词汇教学既要保证词汇教学的数量，也要保证词汇教学的质量，使学生准确理解与把握所学的词汇。在汉语词汇的初级教学阶段就需要特别注意常用词的意义和用法的教学，所教授的词要适合说，适合写，要求学生在理解的基础上能够有效地输出。中级教学阶段就需要不断扩大学生的词汇量并提高学生运用词汇的熟练程度。高级阶段则注重培养学生通过上下文掌握词汇的能力。

2. 遵循系统性

词汇是语言中一个庞大的系统，语言又包括语音和语法，因此，词汇和语音、语法之间有一定的联系。教师在教学中应注意词汇与语音、语法之间的联系，便于学生更好地掌握汉语词汇。此外，教师也要处理好词汇教学和词汇运用之间的关系，以教会学生准确运用汉语词汇进行交际为目的。

3. 情景教学

在汉语词汇教学中，结合语境来教学可以使学生通过具体的情景体会和理解词汇的意义，并恰当地使用所学的词汇。现代汉语中，一词多义是十分普遍的现象，不同的词义对语境的依赖性很强，结合具体情景进行词汇教学可以使学生准确地理解词义。此外，对于一些容易混淆的词也可以通过具体的语境来辨析。

4. 融入文化

汉语词汇是中华文化的重要载体，在汉语词汇教学中应结合汉语词汇的文化背景因素，将词汇所蕴含的文化因素融入词汇解释，便于学生在词汇学习中能自觉地关注汉语文化，如"六六大顺""花容月貌""翻白眼"等。这些词蕴含着浓厚的中国特色，必须结合文化背景才能解释清楚。

（二）词汇教学的方法

从教学实践看，词汇教学的方法主要有如下九种。

1. 语素教学法

语素是汉语词汇的主要组成部分。汉语的语素是基本的、稳定可控的底层单位，通常一个语素就对应一个汉字，常用汉字的数量也就3000字左右。① 语素教学就是抓住汉语构词的最小单位语素，通过分析构词语素进行教学。这种方法有利于学生推测词义。但在教学中语素教学与复合词教学要同步，优先选取基本词汇的单音词结合构词法进行词汇教学，并有意识地训练学生的猜词能力。例如，讲解"订单"一词，"订"是"提前约定"，"单"是货品。教师由此可以扩展讲解"订货""订购""订阅"或者"买单""派单"等词语。

2. 直接翻译法

直接翻译法主要用于一些意义抽象、不易解释清楚的词。教师把生词翻译成学生的母语，也可以让学生查阅词典找出词语的释义。但是该方法适用的范围有限，只适用于专有名词和科技术语。

3. 直观演示法

直观演示法分为两种。一种是静态的展示，主要用实物、图片等教学工具来展示词义，例如讲解颜色时，可以拿出不同颜色的卡片让学生识别颜色，说出颜色词；讲解量词时，可以拿出一些实物让学生用量词练习。另一种是动态演示法，通过动作、表情等方式进行教学。例如教学生表达情绪时，可以通过面部表情告诉学生什么是高兴，什么是悲伤，什么是哭泣。教学生一些动词的时候，可以让学生自己表演"踢""踹""打""敲""推""扛"等词。这种方法可增强学生对生词的立体感受，让学生理解得更快，记得更牢。因此在教学中这种方法比较受教师和学生的喜爱。

4. 联系扩展法

联系扩展法是在词汇教学中尽量联系有关词语并适当扩展，有助于增强学生的记忆和举一反三。如讲解"美丽"时，可以将"好看""漂亮"放在一起，也可以进一步扩展"美丽"的反义"不好看""丑"。教时间词"今天"可以扩展出"明天""前天""后天""昨天"等词。

5. 语境释义法

语境释义法是利用上下文语境来解释词义的方法。汉语词往往具有多

---

① 曾立英、任倩倩：《国际汉语词汇教学材料的选择、处理与提升》，载于《中国大学教学》，2020年第9期。

义,如果不依靠语境来解读,很容易理解错误。如果将其放入语境中,意义就十分明确。比如"借",可以是"借出"义,也可以是"借入"义。只有在具体句子里才能实现其义。又如在讲解"富裕"这个词时,可以用"她家很有钱,有车有房,家庭经济实力较好"来解释,这样就比词典上的释义"富裕"简洁明了得多。

6. 对比法

对比法可以用于汉语内部词语的比较,也可以用于汉语与外语的对比。在汉语词汇内部,主要是多义词、近义词的比较,比如"结果""后果""成果"是词义的褒贬不同,"小心""谨慎"是口语和书面语的不同等。至于汉语与外语的对比,主要涉及词语的不完全匹配、相互对应的关系,如汉语中的"看望""访问""参观",英语中都用"visit"。

7. 联系搭配法

词语的搭配有一定的条件,学生在不明白的情况下很容易使用错误。因此,在教授生词时需要说明该词搭配的条件,能和什么样的词搭配,不能和什么样的词搭配。教动词时就要注意其能和什么样的名词搭配,教名词时就要注意其能和什么样的动词搭配。比如教"吃"的时候可以说"吃饭""吃食堂",但是不能说"吃餐厅";教"补"的时候可以说"补衣服""补胎",不能说"修衣服""修胎"。

8. 提问讨论法

提问讨论法是引导学生在应用中学会词语是课堂教学中经常采用的方式。如教"认识"和"了解"时,教师可以提问"你们了解杰克这个人吗?""你以前认识杰克吗?"学生在回答后,教师可以继续引导学生比较"认识"和"了解"在词义和用法上的不同。

9. 网络化教学法

网络化教学法最早是常敬宇和杨万兵提出来的。这种方法是利用词汇的系统化特征,在进行词汇教学时有意识地引出相关词汇和意义网,从而帮助学生建立一个词汇网。例如,在教"汽车"时,可以举出车的各种品牌,也可以举出不同功能的车等。

四、语法教学

（一）语法教学原则

1. 以语义为导向

在语法教学过程中，教师以语法原则为依据，适当地引导学生。口语教学中也会涉及语法，同样要以语义先导为原则，从学习者构建语法的角度，基于认知规律，通过语义、句法到语用的过程学习，使语法教学环节与学习认知相契合。语义引导的重点是合理地设置语境，只有在特定的语言环境下，在语境的参照和语义的引导之下，学生才能充分感知、领悟以及构建语言环境。同时，以语境为基础可以解决一些语法的含义，只有在特定的语境下，一些语法才会显现出不同的含义，因此在对外汉语的语法教学过程中，必须重视语境。

2. 典型性原则

原型范畴理论是认知语言学的重要理论，该理论认为范畴中各个成员的地位是不同的，既有典型与非典型的分别，也有中心与边缘的差异；在范畴内部不同成员之间通过一些相似性而建立联系。范畴的核心就是"原型"，也可以将其称为"典型范畴"。整个语法教学过程会存在一些与语言实际不吻合的内容。语法的教授就是规范语法，从实用性的角度出发，按照统一标准、系统性的要求，选择范畴中的典型语句进行教学。

3. 整体性原则

在汉语语法教学中，利用构式语法理论也可以有效解决语法问题。教师在教学中将语法内容以构式形式，将其作为形式与意义或者功能的一个结构体进行讲解。将语法作为一个单位，保障整体形式、语义以及功能之间的配套性，进而形成一个交际单位，在不同的交际环境中合理利用。例如，一些固定短语也是一种构式结构，如"越来越""好不好"等。这里需要强调的是，构式是一种学生学习的方式，而不是学生推导的结果，必须要通过学习才可以获得，具有习用性的特征。

4. 凸显语用原则

汉语语法对环境有着很强的依赖性。因此，在国际中文语法教学中必须凸显语法的语用特征，让学生在合理的交际环境中应用。例如，对于紧缩句的教学，教师要让学生知道，形式越小，表达的含义与感情则越强烈。此外在话语交际中，说话者在描述产生的状况或者变化时，会附加自己对这种状况的看法与观点，这也是一种典型的突出语用特征，彰显语义主观性的表现。

(二) 语法教学方法

从第二语言教学的历史看，语法教学的方法可以概括为演绎法、归纳法、类比法以及这几种方法的结合。在具体的教学中，不同的教师有不同的做法，操作过程也可以灵活多变。

1. 直观演绎法

在国际中文教学过程中，教师善于应用不同的方式开展教学，教师可以通过展示一些实物、图画、表格、示意图等将抽象的知识转变为直观的形象，展示具体的语法结构，便于学生充分理解与掌握知识内容。例如，教师在讲解"回来、回去、进来、上来、下去"这些趋向补语时，可通过画简笔画或利用具体的实物进行演示的方式，让学生了解这些趋向动词的差异。

2. 总结归纳法

这是一种主动教学法。教师在教学中展示一定数量的例句，有意识地引导学生通过大量的练习、分析，自己找寻规律，归纳语法规则，自主进行分析和运用。

3. 形象演绎法

教师在教学过程中可以先讲授语法规则，再通过实例进行讲解，便于学生自行替换。实践中可以将语法总结归纳为不同的句型，再将这些句型化为一些例句。

4. 对比分析法

通过对比的方式让学生理解不同词语之间的关系，例如在讲授"满"

"全"的差异时，教师可以采用对比的方式，设置不同的情景，让学生理解二者的差别。

5. 例句法

一些抽象的语法知识不便于直接讲解，可通过解释其在汉语中的使用，让学生理解其用法和意义。

6. 图解法

图解的方法适用于抽象复杂内容的讲解。比如在课堂上解释《渔舟唱晚》是比较麻烦的事情，教师就可以在黑板上画出这个曲子对应的图画，然后对照图画讲解。

7. 情景设置法

教师在教学中通过设置情景，利用问答、展示图画、多媒体播放、讲解等方式进行总结，引出语法重点内容。也可组织各种比赛，让学生在实践中探索分析，了解自己在语法上存在的问题，还可以组织学生阅读当代小说、诗歌，使学生在阅读中了解汉语的语法规律，在实践中灵活应用不同的语法规则。

第三节　国际中文课程教学——以"古代汉语"课程为例

目前，国际中文课程教学还包括古代汉语的教学。这是因为现代汉语是由古代汉语发展而来的，和古代汉语有着十分密切的联系，虽然二者语法差异较大，但是词汇和汉字还是有迹可循的。本节以"古代汉语"课程为例，探讨"古代汉语"课程教材的选用、教学目标、教学内容、教学设计及教学方法等。

一、教材

鉴于留学生的古代汉语学习与中国学生的古代汉语学习存在较大的差异，因此古代汉语教材的选择也有所不同。目前已出版的留学生古代汉语教材有四种，分别是：

贾玉茅、刘永山的《古文出渡》，共有多篇作品。每课包括讲读课文、阅读课文、文言知识三个板块，讲读分为"说明""释词""注释"三部分。书后有《词汇总表》及《繁简体字对照表》。该书最大的特点是课文有繁体原文，释词、注释有中英文对照。

董明的《古文趣读》，该书按照时代顺序选录古文，共分六个单元，每单元后的"古汉语通论"集中介绍有关知识。本书的特点是所选篇目都是散文，范围广泛，内容丰富，每篇除注释和简单的题解外，还附有译文。

王硕的《汉语古文读本》，选文以先秦两汉散文为主。每节课有"作品介绍""注释""繁简字对照""古代知识""练习""阅读课文""课文翻译"等内容。本书最显著的特点是每课都有简单的插图。

徐宗才的《古代汉语课本》，共有三册。每课文后都有一篇阅读课文，按照"先易后难，先短后长，由浅入深"的顺序编排。每课都有"常用虚词""固定格式""文言语法""阅读练习"等内容。第一册介绍古代汉语语法，第二册介绍古代文化常识，第三册介绍古籍阅读常识。书后附有词汇表、汉语简化字和繁体字对照表、第一批异体字整理表、中国历史朝代简表及"参考译文""名篇选读"。

教材应服务于教学，教学目的、教学对象决定了教材的使用。留学生古代汉语教材的编写应根据教学对象的需要，按照教学总体要求进行编写，并考虑题材、体裁、文体等方面的内容。① 国际中文教师在教学过程中可以对已经选择的教材进行适当的增减或改变，保证学生能够由浅入深、循序渐进地学习古代汉语。为此选用古代汉语教学内容时要注意两个原则：

1. 选择与现代汉语联系紧密的题材

选材最好包括一些现代汉语中仍经常使用的词汇、句式和成语。比如成语教学应准确地讲解成语的来源，如滥竽充数、朝三暮四、爱屋及乌、东施效颦、对牛弹琴等。成语是古代汉语的"活化石"，讲解成语的来源能帮助留学生加深理解，准确使用成语，调动学习兴趣和动力。

---

① 崔立斌：《谈留学生古代汉语教学》，载于《北京师范大学学报》，2002年第6期。

2. 选择与中华文化结合紧密的内容

国际中文课程教学的一个重要目标就是传播中国传统文化。因此选择教学内容时要注意与中国传统文化紧密结合。如寓言故事《矛与盾》蕴含中国古代哲学辩证思想;"孔子厄而作《春秋》,屈原放逐,乃赋《离骚》,左丘失明,厥有《国语》"体现了中国人百折不挠、永不气馁的精神;诸葛亮《出师表》"鞠躬尽瘁,死而后已"体现了古人的忠君之心;《诗经》体现了古人的生活习俗及婚恋爱情观。

3. 选文兼顾趣味性

具体说来,诙谐、幽默、睿智、警策甚至怪诞的小故事、小段子均可作为选文。

二、教学目标

教学任务的制定取决于教学目标。《高等学校外国留学生汉语言专业教学大纲》指出:"本课程的教学目的是加强学生对古代诗歌和散文的阅读和理解能力,扩大书面语词汇量,能初步了解和掌握古代汉语句法结构,使学生能读懂选注本和借助工具书读懂比较浅显易懂的中国古代文学经典。"[1] 根据教学大纲的要求,可以明确留学生古代汉语课程的四个主要目标:①扩大学生的汉语词汇量。通过学习古代汉语,学生积累了一定的词汇量,并能借助古代汉语词典看懂比较浅显的古代散文和诗歌。②使学生重点掌握现代汉语中也常见的词汇,可以自如地遣词造句,并自己分析、理解、记忆新词。③加深学生对现代汉语的理解,提高学生使用现代汉语的水平和能力。古代汉语中的成语现代汉语也在使用,学习古代汉语有助于学生加深对这些成语的理解。留学生学习古代汉语可以反过来促进其现代汉语的学习。④进一步加深学生对中国传统文化的了解,文言文教学内容中有丰富的中华传统文化经典,体现了中国古人的人生观、价值观、教育观、信仰等,是传播中华传统文化鲜活的素材,有助于学生进一步学习中国语言文学、中国哲学、中国历史。

---

[1] 国家对外汉语教学领导小组办公室:《高等学校外国留学生汉语言专业教学大纲》,北京语言大学出版社,2002年版,第214页。

三、教学内容

《高等学校外国留学生汉语言专业教学大纲》要求："对外汉语古代汉语课程选文主要包括中国古代名家的经典作品,其中应大部分为散文,辅助以少量的韵文。"① 中国古代文学中的散文主要包括古文、骈文和辞赋。骈文和辞赋属于韵文,在体裁上与散文更接近。不同时代的韵文文体也有差别。如先秦的《诗经》楚辞,汉代的赋、乐府,六朝时期的骈文,唐、宋的诗、词,元代的散曲,明清时期的戏曲、小说。古代汉语教学的选文主要来自先秦、两汉、唐、宋、元、明、清这几个朝代的经典诗文,分为课文阅读和古文常识两部分。课文阅读主要以能体现中国传统思想的篇目为首选,学生在学习这些篇目的同时可潜移默化地受到中国传统思想的熏陶。古文常识主要包括重要的古汉语语法知识,如词类活用、使动用法、意动用法、宾语前置、被动句式等;也包括古汉语中的重要虚词,如"以""之""所""于""则"等;还包括一些古汉语知识,如古今字、异体字、古今词义的演变等。

四、教学设计

国际中文教育的古代汉语课程既要体现第二语言教学的特点,同时也需要注意古代汉语的交际性和功能性问题。因此古代汉语课程要注重"精讲多练"。下面从篇目教学、词汇教学和课堂活动三个方面谈古代汉语课程的教学设计。

(一)篇目教学

在学习课文前先介绍古代汉语语法知识,让学生了解单音节词、词类活用等概念。在讲解课文时,对于难懂、与现代汉语差异较大的文本可先讲解词义,后请学生梳理文意。易懂的文本则请学生先试着解释、讨论,后由老师总结、修正。虚词的学习是古代汉语的重点,也是现代汉语学习

---

① 国家对外汉语教学领导小组办公室:《高等学校外国留学生汉语言专业教学大纲》,北京语言大学出版社,2002年版,第214页。

的重点。在课文教学中,我们以字为单位,将文本中的词汇分为三类:一为古今通用的重点词汇,需要重点讲解;二为古代汉语常用而现代汉语不常见的词汇,只需要了解其基本意义和常见组词即可;三为古代汉语中不常见的专有名词,只在课文里出现,如地名、器具名等,这些只需要了解其在课文中的意义。在此基础上,引导学生联想,疏通文义,并对重点词语重点讲解、练习。

基于上述篇目内容的情况,我们可以大致如下设计:选择名言名句作为例句,并要求学生背诵。例如"修身、齐家、治国、平天下""穷则独善其身,达则兼济天下""先天下之忧而忧,后天下之乐而乐",这几个例句是中国知识分子立身处世的准则与精神追求,学生学习了"则、修、齐"几个字词的具体意义,就可以了解中国知识分子的人格追求和文化心理。在词语拓展学习中,我们把一些耳熟能详的成语作为重点词汇拓展到现代汉语中。成语的学习对提升学生的语言能力及中国文化水平十分有益。通过讲解成语典故,学生也可以温故知新,巩固古代汉语知识的学习。此外,词语教学中,强调某些字词的本义,有利于学生理解词义并掌握运用。例如:"习"的本义是鸟数次地飞,引申有"学习""复习"之义;"集"本义是树枝上的鸟,引申有"集合"之义。

(二)词语教学

首先,在教学中增加已学成语或词汇使用的频率,强化学生的记忆,使学生更熟悉其语法使用环境,了解使用规则。例如,在开始介绍新课时可以使用"耳熟能详""相提并论"等词,总结时也可以用到"综上所述""总而言之""可谓""显而易见"等。

其次,对于不同类型的词汇,特别是成语,练习时也应采取不同的方式。对于某些成语或四字结构的词语,要以情景带词汇,要求学生学会掌握最合适的"场合语"。例如在送礼的场合常常用到的"请笑纳""不成敬意""一点心意""略表心意"等,在给别人提供帮助时常用的词语有"区区小事""举手之劳"等,这些都是在情景对话时模拟特定语境中人物的用语。另外,以古代汉语文本中的字词带动现代汉语的扩展,我们不但可以在文本上寻找与所学内容相关的现代汉语文本作为补充阅读资料和讨论的话题，还可以在练习或者讨论时也尽量使用所学的成语和词汇。例如在讨论"推己及人"的话题中，学生可以使用相关词语，如"随心所欲""己所不欲，勿施于人"等。

最后，在学习新词汇时，不断寻找与所学词汇之间的联系。例如在讨论学习、读书等问题时可以使用"全神贯注""专心致志""一无所获""半途而废"等词语，在练习"如花似玉"时，可以联想其他形容女孩子的词语，如"亭亭玉立""闭月羞花"等。而"日久生情""见异思迁""百年好合"等可以归为"爱情""婚姻"类。

（三）课堂活动设计

课堂活动设计的多样化能够使学生通过课程学习、活动参与进一步了解古代汉语。在这里介绍古代汉语的课堂活动。

1. 角色扮演

课文学习中的角色扮演可以让学生充分发挥创造力。例如在讲解《论语》时可以让学生分别扮演孔子和孔子的学生，通过绘本和视频让学生了解孔子所在的时空背景，接着给学生设置一个情景，让学生根据课本内容进行对话，同时注意引导学生跳出文本思考。

2. 辩论

在《孙子兵法》《韩非子》的选文课堂中可以选取时政新闻，让学生试着从孙子或韩非子的角度思考辩论，并且鼓励学生使用所学的古汉语延伸词语和搭配用法。

3. 韵律诵读

节奏感较强的诗歌类选文可以先带着学生诵读，教师示范诵读后，学生可以分组诵读。

4. 故事续演

教师根据课本人物和学生人数设计情节，让学生练习台词。在演练中注意练习语气（喜怒哀乐、抑扬顿挫）、眼神、个人风格等。如果时间允许，也可以让学生进行故事续演或者自由发挥等。

五、教学方法

教学方法是指教师为完成教学任务、实现教学目标所运用的教学方式和手段。由于古代汉语课程的特殊性，受学习者汉语水平的限制，教师在教授古代汉语课程时会运用多样的教学方法降低教学难度，提升学生学习古代汉语的兴趣。古代汉语教学方法主要有以下几种。

（一）朗读法

朗读课文的主要步骤是教师领读，学生跟读，然后学生齐读。这是中国学生学习古代汉语时必不可少的一种方法，这种方法同样适用于留学生。通过朗读背诵古诗词可以积累大量的语言材料，增强学生的古诗文语感；经过长时间的积累，语言表达也会更流利。

（二）串讲与翻译并用

串讲法和翻译法在文言文教学中是很常见的，即对文章进行逐字逐句的翻译，同时串讲课文。在运用该法进行教学时，要注意留学生与中国学生有所不同，对留学生的教学更注重全面感知篇章大意，以学生能够判断对错为标准就可以。

（三）对比法

对留学生的古代汉语教学必须以其对现代汉语的掌握为前提，注意将古代汉语和现代汉语联系起来，让学生在古今汉语的对比中，更加深刻地了解古代汉语的词汇、语义和语法特点，同时也加深对现代汉语的理解，促使他们更好地学习现代汉语。

（四）创设情境法

充分利用图片或者视频，创设字词出现的情境，甚至可以让学生分角色扮演课文中的人物，提高学生学习古代汉语的兴趣。通过创设情境可以使课文内容形象化、直观化，有助于学生更好地理解课文，同时促进他们对现代汉语的理解和表达。

(五) 多媒体辅助教学法

多媒体辅助教学是现在外语教学的一个趋势，现在各高校教室都配备了电脑，教师应充分利用多媒体辅助教学方式，通过图片、视频等辅助资料把课文中的内容直观形象地展示给学生，帮助学生理解课文。尤其是涉及古代文化知识时，更可以采用图片和视频等多媒体方式进行教学，帮助学生理解。

第四节　国际中文教学与汉学研究

一、国际中文教学

随着汉语迅速走向世界，汉语"国际化"成为必然。对外汉语教学时代也走向了国际汉语教学时代，传统的对外汉语教学也在国际汉语教学的转型道路上。王路江指出"国际汉语教学"是在中国本土进行的对外汉语教学以及国外所有以汉语作为第二语言的教学。[1] 吴应辉指出，国际汉语教学应该包括对外汉语教学和汉语国际传播两大部分。汉语国际传播是建立在世界各国对汉语需求的基础之上，遵循语言传播规律，从中国走向世界的语言传播现象。汉语国际传播研究是国际汉语教学研究的重要组成部分。[2]

世界范围的汉语需求飞速增长，各个国家都兴起汉语热。泰国现已建立了11所孔子学院，开设汉语类课程的中小学已有上千所，泰国接收国际中文教学志愿者的人数也名列各国之首，在泰国，学习汉语已经成为一种时尚。在美国、欧洲，汉语教学也十分火热。美国出于国家安全的考虑，投入巨资开展"关键语言"（Critical Languages）教学，而汉语就是

---

[1] 王璐江：《从对外汉语教学到国际汉语教学——全球化时代的汉语传播趋势》，载于《世界汉语教学》，2003年第3期。
[2] 吴应辉：《国际汉语教学学科及汉语国际传播研究探讨》，载于《语言文字应用》，2010年第3期。

六种关键语言之一。英国、法国、德国、俄罗斯等国家开设汉语的学校也在快速增加。

目前中国在海外的汉语文化推广机构是孔子学院，这是外国人学习汉语、了解中国的重要渠道。孔子学院以开放式的汉语教学形式面向社会招收学员，满足了不同社会群体多样化的汉语学习需求。孔子学院的首要工作是组织各种形式的汉语教学，同时推进中国文化的传播扩展。孔子学院的学习者虽然学习汉语的目的各不相同，但归根结底是把汉语作为沟通和交流的工具，了解当今的中国，为以后的工作和生活作打算。孔子学院会定期举办丰富多彩的文化活动，如文化体验、学者讲座、学术交流等，弘扬中华文化。

二、国际汉学研究

"Sinology"是海外对中国历史、语言、文学、文化的研究总称，中文称为"海外汉学"，它包括广义上海外有关中国的一切研究成果。Sin原指代"秦"，后以朝代名称指称中国。国外最早开始汉学研究的是日本和韩国。公元522年，中国的典籍随着佛教一并传入日本，历经古坟、飞鸟、奈良、安土、桃山、江户时代，到德川幕府时期日本的汉学研究达到顶峰，近代以来日本汉学发展宏深，代表人物有白鸟库吉、内藤湖南、宫崎市定、谷川道雄等。西方汉学研究在18世纪以前主要集中于中国的国情和孔子学说，被西方简单地理解为"中国古典哲学"，19世纪才开始扩展到中国文学领域。20世纪下半叶，汉学发展的重心从欧洲转移到北美，关于汉学研究的范围也在不断扩大，从古代中国扩展到近代乃至当代中国，研究内容也不再局限于文史哲领域，而是扩展至政治、经济和社会等领域。汉语教学在欧美国家的兴起可以看作海外汉学的现代形态。[①] 例如德国的法兰克福大学，该校的汉学系与日语系、东南亚系相邻，同属法兰克福大学语言文化学院。在20世纪以前，汉学系主要研究的是中国古代哲学、古代文字学和古代文学等。在中国古代哲学方面，主要研究中国古

[①] 马艳荣：《韩国汉学与汉语教学的历史与现状》，载于《环球市场信息导报》，2017年第42期。

代文化经典，如四书五经等。在中国文字学方面，主要研究甲骨文等古文字。20世纪以后，汉学系学术研究发生了根本性的变化，研究重点由中国古代文学、哲学转到中国现当代文学、现代汉语，从而使汉学系一跃成为富有朝气与活力的现代语言文化系。此外，19世纪中期，俄罗斯喀山大学率先建立了汉语研究室，后并入圣彼得堡东方语言系汉满语言研究所，该所在王西里、施密特等汉学家的带领下教授汉语、满语及中国文化，迅速成为俄罗斯的汉学中心。

海外中国学研究是对海外汉学研究的再研究，主要关注海外学者对中国现当代问题的研究，也关注研究本身所具有的现实意义，因此，海外中国学研究与当代中国的改革发展和文化建设具有较强的相关性。20世纪80年代以后，随着中国逐步走向世界舞台，海外中国学在中国国内受到重视，中国学界开始关注海外中国学的研究。几十年来，我国学者在海外中国学的研究中取得了众多成果，翻译出版了大量海外重要中国学著作和海外中国学研究专著。同时，国内建立了一批研究团队和专业研究机构，这些研究机构创办学术集刊，开展或参与多种国际学术交流活动，研究海外学者的中国学研究理论和独特视角，对我们进一步了解中国的历史与现实有重要的借鉴意义。同时，海外中国学研究成果对展示中国新形象、制定中华文化海外传播策略也有重要的指导意义。

海外汉学家、汉语教育工作者是中华文化传播的积极参与者和有效推动者，团结和帮助汉学家、汉语教育工作者是我们推广和传播中国文化的一项重要政策。目前，国家汉办已经设立了"青年汉学家研究计划""外国汉学研究学者访华计划""外国本土汉语教师来华研修项目"等资助项目，还推出了"孔子新汉学计划"，该计划包括中外合作培养博士项目（Joint Research Ph. D. Fellowship）、来华攻读博士学位项目（Ph. D. in China Fellowship）、"理解中国"访问学者项目（"Understanding China" Fellowship）、青年领袖项目（Young Leaders Fellowship）、国际会议项目（International Conference Grant）、出版资助项目（Publication Grant）六个部分。这些项目为支持、帮助海外汉学（中国学）家和汉语教育工作者起到了一定的作用，是一个良好的开端，也是未来汉语国际推广事业可持续发展的关键。

三、国际中文教学与国际汉学的联系

国际中文教学与国际汉学有着十分密切的关系。汉语教学在海外通常隶属汉学系,海外高校的汉学系通常由汉学家负责汉语教学和研究工作。专业汉学建立的标志就是汉语学习由家庭教育正式进入大学,国际汉学是外国人研究中国的学问,全面地、整体地、系统地学习国际汉学,能够在中外文化交流实践活动中传播中华文化。因此,汉语教学与国际汉学关系紧密,它促生汉学,又融入汉学,成为汉学最重要的组成部分。

许嘉璐在谈到中国国学研究与国际汉学研究的关系时,将二者比作"一根藤上的两个瓜",异流而同源。域外汉学的发展不仅对国外的汉语教学有促进作用,对我国海外汉学研究和汉语教学也有着深刻的影响。随着域外汉学研究的深入,国外汉语教学也呈现出规模化、体系化和科学化,这些为我国海外汉学研究和汉语教学提供了借鉴,推动着整个国际汉语教育事业的发展。国际汉学不仅是汉学家研究中国文化的成果,还能够反映出与汉学家同时代人的中国观,因此,应当把汉学家的研究成果纳入国际汉学的教学内容。在教学材料的选择上,应让学生接触汉学家的一手文献;在教学内容的选择上,教师应尽量引领和培养学生阅读原典,帮助学生真切地认识汉学,培养更为科学的汉学观。

参考文献

一、学术著作

陈昌来. 对外汉语教学概论［M］. 上海：复旦大学出版社，2005.

段玉裁. 说文解字注［M］. 上海：上海古籍出版社，1988.

高本汉. 中国语和中国文［M］. 北京：商务印书馆，1931.

郭芹纳. 训诂学［M］. 北京：高等教育出版社，2017.

郭在贻. 训诂学［M］. 北京：中华书局，2005.

国际对外汉语教学领导小组办公室. 高等学校外国留学生汉语教学大纲［M］. 北京：北京语言文化大学出版社，2002.

郝懿行. 尔雅义疏［M］. 北京：中华书局，2017.

刘熙，毕沅，祝敏徹，等. 释名疏证补［M］. 北京：中华书局，2021.

刘兴均. 训诂学原理方法与实践［M］. 上海：上海交通大学出版社，2019.

陆宗达，王宁. 训诂方法论［M］. 北京：中国社会科学出版社，1983.

孟繁杰，陈璠. 对外汉语阅读教学法［M］. 厦门：厦门大学出版社，2016.

宋永培.《说文》汉字体系与中国上古史［M］. 南宁：广西教育出版社，1996.

唐作藩. 音韵学教程［M］. 北京：北京大学出版社，2002.

王力. 汉语史稿［M］. 北京：中华书局，2004.

王力. 汉语语音史［M］. 北京：商务印书馆，2008.

王宁. 汉字构形学导论［M］. 北京：商务印书馆，2015.

王宁. 汉字与中国文化十讲［M］. 北京：生活·读书·新知三联书店，2018.

王宁. 训诂学原理［M］. 北京：中国国际广播出版社，1996.

魏海平，等. 基于语言理论和本体研究的对外汉语课堂教学［M］. 成都：四川大学出版社，2014.

肖莉. 汉语国际传播：教学法研究与教学案例分析［M］. 北京：中国戏剧出版社，2018.

许慎. 说文解字（影印本）［M］. 北京：中华书局，1963.

扬雄. 方言［M］. 北京：中华书局，2016.

张新明. 简明对外汉语教学法［M］. 上海：学林出版社，2012.

赵金铭. 对外汉语教学概论［M］. 北京：商务印书馆，2004.

赵金铭. 汉语与对外汉语研究文录［M］. 北京：外语教学与研究出版社，2005.

周大璞. 训诂学初稿［M］. 武汉：武汉大学出版社，1987.

周红. 语篇知识建构与对外汉语写作教学研究［M］. 上海：上海人民出版社，2016.

二、学术论文

安然. 从多元认知的角度看留学生汉字书写过程［J］. 云南师范大学学报，2009（1）.

蔡振生. 十年翻译课的再思考［J］. 世界汉语教学，1995（4）.

柴俊星. 对外汉语语音教学有效途径的选择［J］. 语言文字应用，2005（3）.

陈曦. 汉语教师培养模式的新思考［J］. 国际汉语教育（中英文），2016（1）.

程燕，陈宝瑜，胡海琼. 外向型成语词典与内向型成语词典对比研究——以《商务馆学成语词典》和《商务馆中学生成语词典》为例［J］. 嘉兴学院学报，2020（2）.

程燕. 外向型学习词典与内向型例证的比较——以《商务馆学成语词

典》和《10000条成语大词典》为例［J］. 嘉兴学院学报，2018（5）.

崔立斌. 谈留学生古代汉语教学［J］. 北京师范大学学报，2002（6）.

崔希亮. 对外汉语教学与汉语国际教育的发展与展望［J］，语言文字应用，2010（2）.

翟汛，熊莉. 关于对外汉语教学用字典的实用性问题［J］. 海外华文教育，2008（4）.

翟汛，易洪川. 关于对外汉语教学用字典的针对性问题［J］. 海外华文教育，2007（1）.

方芳，张宇清. 高校兼职对外汉语教师培养模式新探——以上海工程技术大学为例［J］. 汉字文化，2020（16）.

郭胜春. 汉语语素义在留学生词义获得中的作用［J］. 语言教学与研究，2004（6）.

江新."认写分流、多认少写"汉字教学方法的实验研究［J］. 世界汉语教学，2007（2）.

李东伟，吴应辉. 国际汉语教师人才培养状况报告（2015—2016）［J］. 辽宁师范大学学报（社会科学版），2019（3）.

李如龙，吴茗. 略论对外汉语词汇教学的两个原则［J］. 语言教学与研究，2005（2）.

李卫国. 汉语国际教育人才培养储备前瞻性研究［J］. 河南大学学报（社会科学版），2013（4）.

林永柏. 浅谈高校教师教学能力的构成及其养成［J］. 教育与职业，2008（9）.

刘丽宁. 关于对外汉语专业翻译课的思考［J］. 语言与翻译（汉文），2020（4）.

刘卿. 古汉语各要素关涉下对外汉语成语教学探析［J］. 汉字文化，2018（8）.

刘珣. 关于汉语教师培训的几个问题［J］. 世界汉语教学，1996（2）.

陆俭明. 对外汉语教学与汉语本体研究的关系［J］. 语言文字应用，2005（1）.

陆俭明. "对外汉语教学"中的语法教学［J］. 语言教学与研究，2000（3）.

陆俭明. 对外汉语教学与汉语本体研究的关系［J］. 语言文字应用，2005（1）.

陆俭明. 汉语教员应有的意识［J］. 世界汉语教学，2005（1）.

陆俭明. 谈汉语作为第二语言教学的学科建设及其本体研究［J］. 外语教学与研究，2008（5）.

吕必松. 关于对外汉语教师业务素质的几个问题［J］. 世界汉语教学，1989（1）.

马国彦. 国际汉语教师培养模式考察：问题与对策［J］. 对外汉语研究，2013（2）.

茅海燕，唐敦挚. 对外汉语教师及其培养模式探索［J］. 高校教育管理，2007（2）.

申继亮，王凯荣. 论教师的教学能力［J］. 北京师范大学学报，2000（1）.

施正宇. 词·语素·汉字教学初探［J］. 世界汉语教学，2008（2）.

宋益丹. 对外汉语声调教学策略探索［J］. 语言教学与研究，2009（3）.

王少良. 高校教师教学能力的多维结构［J］. 沈阳师范大学学报（社会科学版），2010（1）.

严彦. 不同教法对汉字形音义习得影响的教学实验研究［J］. 语言教学与研究，2013（3）.

杨慧元. 论"教学有法而无定法"［J］. 语言教学与研究，1996（3）.

杨琳. 马礼逊《华英字典》编纂及启示［J］. 南昌师范学院学报，2019（4）.

杨石泉. 话语分析与对外汉语教学［J］. 语言教学与研究，1984（3）.

姚美玲. 浅谈对美国学生的"古代汉语"教学——以CIEE的教学为例［J］. 教育理论与实践，2009（33）.

臧胜楠. 汉语的节奏与对外汉语教学［J］. 华侨大学学报，2019

（3）．

张亚茹．试论高级阶段的成语教学［J］．语言文字应用，2006（1）．

周光庆．二十世纪训诂学研究的得失［J］．华中师范大学学报（人文社会科学版），1999（2）．

朱焱炜．对外汉语教学中的古汉语教学［J］．上海大学学报，2007（3）．

三、学位论文

邓敏．结构查字法在对外汉语中的应用研究［D］．兰州：兰州大学，2019．

董皓月．以游戏教学法为辅的语音教学设计［D］．昆明：云南大学，2012．

杜侃．《商务馆学汉语字典》中四字格成语词目的分析研究［D］．重庆：四川外国语大学，2018．

付思思．对外汉语教师能力的培养［D］．武汉：华中师范大学，2017．

高文佳．对外汉语教学中含相同语素的双音节易混淆词分析［D］．成都：四川师范大学，2018．

温芊鸿．《汉语量词图解词典》的专用动量词释义研究［D］．广州：暨南大学，2019．

徐儀家．《全球华语词典》中外来词的区域与变异特征研究［D］．厦门：厦门大学，2019．

杨真．《对外汉语口语词词典》试编［D］．西安：西北大学，2018．

张洁．对外汉语教师的知识结构与能力结构研究［D］．北京：北京语言大学，2007．

张瑞．词源分析法在对外汉语教学中的应用研究［D］．合肥：安徽大学，2019．

周烨．上海社会机构国际汉语教师培训模式研究［D］．南昌：江西师范大学，2014．